北京总部经济发展报告
2014

北京市商务委员会 编

U0832322

電子工業出版社
Publishing House of Electronics Industry
北京 · BEIJING

图书在版编目（CIP）数据

北京总部经济发展报告 2014/北京市商务委员会编. —北京：电子工业出版社，2015.8

ISBN 978-7-121-26612-6

Ⅰ. ①北…　Ⅱ. ①北…　Ⅲ. ①企业经济－经济发展－研究报告－北京市－2014～2015
Ⅳ. ①F279.271

中国版本图书馆 CIP 数据核字（2015）第 158664 号

责任编辑：徐蕾微　特约编辑：刘广钦　文字编辑：李敏
印　　刷：北京季蜂印刷有限公司
装　　订：北京季蜂印刷有限公司
出版发行：电子工业出版社
　　　　　北京市海淀区万寿路 173 信箱　邮编　100036
开　　本：720×1 000　1/16　印张：11.5　字数：171 千字
版　　次：2015 年 8 月第 1 版
印　　次：2015 年 8 月第 1 次印刷
定　　价：59.00 元

凡所购买电子工业出版社图书有缺损问题，请向购买书店调换。若书店售缺，请与本社发行部联系，联系及邮购电话：（010）88254888。

质量投诉请发邮件至 zlts@phei.com.cn，盗版侵权举报请发邮件至 dbqq@phei.com.cn。

服务热线：（010）88258888。

编辑委员会

前言

总部经济是一种新的经济形态，具有高端资源集聚、知识含量密集、关联带动效应明显、对区域发展的影响力和辐射力强劲等显著特征。2013 年，北京拥有的世界 500 强企业数量达到 48 家，首次超过日本东京成为全球第一；2014 年，这一数字被刷新为 52 家，北京再次蝉联全球首位，总部经济进入了一个新的历史发展时期。

2014 年年初，习近平总书记视察北京时指出，要明确城市战略定位，坚持和强化首都全国政治中心、文化中心、国际交往中心、科技创新中心的核心功能。为深入贯彻习近平总书记一系列重要讲话和对北京工作的重要指示精神，中共北京市委、北京市人民政府做出了"立足首都城市战略定位，着眼京津冀协同发展，强化首都核心功能，调整疏解非首都核心功能，突出高端化、服务化、集聚化、融合化、低碳化，构建高精尖的经济结构，使产业发展与首都城市战略定位相适应、相一致、相协调，显著提升首都经济发展质量，努力建设国际一流的和谐宜居之都"的重要部署。在此背景下，北京的总部经济被赋予了更多的历史使命。《北京总部经济发展报告 2014》立足于北京发展"知识经济、服务经济、总部经济、绿色经济"，构建"高精尖"经济结构，对北京总部经济的结构、发展特点、税收与贡献度、集聚区现状等进行了多视角的研究分析，以期为政府部门、相关决策研究机构和企事业单位等提供参考与借鉴。

本报告分为五章。第一章在进行总部经济概念梳理的基础上，总结了国内外总部经济的发展条件和北京总部经济的基本特征；第二章汇总分析了北京发展总部经济的软硬件环境，以及支持总部经济发展的相关政策与各种措施；第三章分析了当前北京总部经济的现状，北京高技术总部企业、文化创意总部企业的基本情况和北京总部经济的税源状况；第四章以北京总部经济集聚区和发展新区为单元，研究了北京总部经济集聚发展的区域状况；第五章对北京总部经济的未来发展进行展望，指出了其自身的发展趋势以及对北京发展的重要作用。

本书在北京市商务委员会总部经济发展处具体组织下完成，由陈建斌、张泽一担任主编。其中，张泽一负责第一章；张宇馨、张建林负责第二章；高书丽、张宇馨、杨志强负责第三章；李国红、李长萍、李洪诚、刘克文、段海波、张爱冬、周福枢、何永启、李朋、聂杰英、夏裎靰、陈建斌负责第四章；张泽一、陈建斌负责第五章；郭彦丽、赵卜文负责附录及基础资料的收集。全书由陈建斌、张泽一负责统稿、编校。

本书在编写过程中得到了北京市统计局、北京市地方税务局、北京市总部经济集聚区（发展新区）的大力支持和协助，在此一并表示衷心的感谢。

编　者

2015 年 3 月

目录
Contents

第一章　北京总部经济发展概况

一、总部经济及其发展条件

（一）总部经济的概念

总部经济是一个新的经济学概念，学术界还没有一个公认的内涵，目前主要有以下几种观点。

北京市社会科学院总部经济研究中心主任赵弘研究员在国内首次提出了总部经济理论，并对总部经济概念进行了界定。他认为：总部经济是指某区域由于特有的资源优势吸引企业将总部在该区域集群布局，将生产制造基地布局在具有比较优势的其他地区，而使企业价值链与区域资源实现最优空间耦合，并通过“总部-制造”功能链条辐射带动生产制造基地所在区域发展，实现不同区域分工协作、资源优化配置的一种经济形态。赵弘认为：“总部集中的区域一般具有区位优势，能够吸引更多的人才、资本、信息等创新要素向该区域流动，在价值链分工中占据高端地位，获取更高的利润回报，不但能够补偿其较高的费用成本，而且能够提升本区域的产业水平，扩大本地区的经济总量，提高区域竞争能力。”①

张鹏在其著作《总部经济时代》中指出，总部经济是指人类在单一产业价值观指引下的经济活动中，高端智能的大规模极化与聚合。在某经济领域或区域的核心，以追求单一产业价值观为目标，将创意、决策、指挥等高端智能的所有关联环节进行大规模的聚集，使之产生极化与聚化效应，由此扩散出彻底颠覆松散经营模式的经济效能和效益，进而拉

① 赵弘. 论北京发展总部经济[J]. 中国创业投资与高科技，2004（2）:11.

动整个行业领域或区域经济的高速发展，这种人类经济活动之和，称为总部经济[①]，即总部经济是人类高端智能的大规模极化与聚合。

赵慕兰认为，总部就是决策，总部所有的行为都与决策行为相关。总部经济实际上就是做决策的人群发生的自然集聚[②]。林文俏在《发展总部经济，阔步走向国际》一文指出，“总部经济是指通过创造各种有利条件，吸引跨国公司和外埠大型企业集团总部入驻，企业总部在中心城市集群布局，生产加工基地则安排在营运成本较低的周边地区或外地，从而形成合理的价值链分工”；“总部经济的优点主要体现在其经济效益的集聚性、扩延性、示范性、辐射性、吸引性”[③]。

许为平认为，总部经济就是指人类社会的生产力和生产关系发展到一个特定的历史阶段，由于交通、信息、科技、生态的发展水平突破了传统的地域限制，形成了众多跨地域经营的企业决策机构，为了区域利益，把自己在该区域经济的指挥系统（区域首脑系统），在无数个规模不等的市场同心圆的同一个中心地点聚集；由此产生了人力、财力、智力、决策能力，以及周边所有可控社会资源和自然资源的能量聚化和极化效应；这种效应在市场交互中裂变，形成了超越一般传统意义上的总部能量的最大化的经济效能扩张及效应扩散[④]。从聚化到扩散的整个过程，使它不但在重新整合的价值链中占据了高端位置，而且特别加速了整个区域经济的增值，以至一系列全球化的经济演变。以上这些经济活动和经济现象的体系表现，称为总部经济。

上述总部经济的概念虽然略有差异，但一般认为，总部经济是某区域由于特定资源和政策优势，吸引各种企业总部相对集聚，并与周围资源要素相互作用、渗透、融合，对区域以及有关地区经济社会发展产生积极促进作用的一种经济形态。

① 张鹏. 总部经济时代[M]. 北京：社会科学文献出版社，2011.
② 李政. 总部经济的世纪之约[J]. 中关村，2004（4）：51-54.
③ 林文俏. 发展总部经济阔步走向国际[N]. 南方日报，2003-7-22.
④ 许为平. 北京未来经济之我见[J]. 城市管理与科技，2005（2）：91-94.

（二）总部经济的发展条件

1. 国内外总部经济的发展

总部经济从 20 世纪下半叶以来，一直是世界城市经济发展的主旋律。其中，中央商务区（Central Business District，CBD）是总部经济的最早载体和发展模式。CBD 是大城市中聚集大量金融、商业、贸易、信息及中介服务机构，拥有众多商务办公、酒店、公寓等配套设施，具备完善的市政交通与通信条件，便于现代商务活动的黄金地带。它不仅是一个国家或地区对外开放程度和经济实力的体现，而且是现代化国际大都市的一个重要标志，是世界城市的窗口和象征。城市 CBD 形成的动力来源或集聚效应主要有三个方面：一是集聚带来的外部经济，如知识外溢、劳动力市场和关联效应等；二是集聚带来的规模经济，即高密度的企业极大地降低了基础设施建设的平均成本；三是集聚带来的较低交易成本。国际上著名 CBD 的形成主要有三种方式：第一种是自发形成的，如美国的曼哈顿，由初期的商业中心逐渐演变成中央商务区；第二是政府引导形成的，如法国巴黎的拉德芳斯；第三种是为了分担中心区的经济发展压力而建立起来的副中心，如日本新宿的中央商务区①。

以跨国公司和金融财团为主体的总部经济，离不开 CBD 作为区位空间的支撑。纵观纽约的曼哈顿、巴黎的拉德方斯、东京的新宿等世界著名 CBD，都是大公司总部聚集地。以曼哈顿为例，仅华尔街就集中了几十家大银行和上百家大公司总部，使得曼哈顿成为世界上著名的总部基地和金融中心。跨国公司和金融财团已成为国际金融市场的运作者，它们的分支机构遍布全球，将世界上重要的金融中心连为一体。CBD 作为金融中心的重要窗口，理所当然地成为跨国公司和金融财团的总部和区域总部的承载者。根据世界各国际金融贸易中心的发展规律，国内外大型跨国公司总部及区域总部的数量及其本身的经济实力、金融实力，决定了 CBD 对世界或地区经济的控制力和影响力。

① 徐淳厚，陈艳. 国外著名 CBD 发展得失对北京的启示[J]. 北京工商大学学报（社会科学版），2005（5）:101-106.

国内总部经济的快速发展，来自国内和国际的双重推动力。从国际背景看，20 世纪 90 年代初期，跨国公司大规模涌入中国开拓市场，加大在华投资规模，不断加快其在华产业的升级，并通过建立和转移地区总部来实现经营管理和市场控制。从国内来看，本土企业快速成长，为获得更多、更便捷的信息、资金、人才等战略资源，越来越多的国内大型企业将其总部迁到发达的中心城市。与此同时，随着中心城市产业结构的升级、城市功能的转型、生产成本的提高，原来处于中心城市的企业不断将其生产加工基地转移到周边地区和欠发达地区，形成了“总部-加工基地”的跨地区总部经济形态。目前，国内总部经济主要集中在北京、上海、广州、深圳等中心城市，天津、南京、杭州、成都等城市也把总部经济作为经济发展的重要战略。

从北京、上海、广州、深圳 4 个城市的发展来看，各个城市立足于本地优势资源展开了激烈的竞争与充分的合作，初步形成了错位发展的态势。北京凭借得天独厚的政治中心、经济地位和历史因素，成为拥有中央企业总部最多的城市，目前在创新驱动战略的实施下，依托中关村国家创新示范区，正着力引领全国的自主创新，成为国内创新型科技企业总部的聚集地。上海依托其金融、贸易、航运的中心地位，以及悠久的对外开放历史和长江三角洲区域民营经济的雄厚实力，吸引了大量跨国公司总部进驻，正成为全球外资企业总部的中心。广州、深圳则依托珠江三角洲民营制造业的独特优势和健全的市场机制，成为民营企业总部、世界性区域总部的重要集聚区。

2. 总部经济发展的条件

一般来说，特殊资源禀赋是大城市发展总部经济的第一要素，也是最为有利的条件。例如，新加坡重要的区位优势就是其发展总部经济的最初依托；东京之所以成为日本大企业总部云集之地，一个重要原因是东京拥有的独特政企关系资源；纽约“总部经济”的发展，与城市资源特点密切相关，纽约的高素质人力资源、科研教育资源、文化体育和娱乐设施资源为聚集在纽约的公司总部的高级员工提供了高品质的生活服务。总之，发展总部经济的区域一般应具备如下条件。

（1）拥有高素质的人力资源和科研教育资源，公司总部能够以较低的成本进行知识密集型的创造价值活动。例如，世界总部经济城市东京，共有各类大学 190 多所，占全国大学的 49%，一些全球著名大学如东京大学、早稻田大学、庆应大学、立教大学、明治大学、法政大学等都集聚于此。

（2）拥有良好的交通运输设施。便利的交通，有利于公司总部与公司内其他分部、子公司、加工基地之间的各种联系，使主要决策者掌握公司运营脉搏，及时发现问题、解决问题。例如，纽约的世界级天然良港和发达的高速公路，形成了一个综合的交通运输体系。

（3）拥有便捷的信息沟通渠道。畅通的信息网络使得企业总部能够获取高质量的决策信息，也能保持与生产基地的畅通联络。

（4）拥有良好、高效的法律制度环境和多元文化氛围。城市决策层要不断提高政府的服务效率，增加政务的透明度，法律法规要与国际通行规则接轨，为投资商创造良好的法律环境。同时，宽容多元的人文环境可以降低企业空间成本，而语言和文化习惯的相同或相近，有助于信息的沟通、情感的交流。

（5）政府的积极推动。政府在国际城市的总部经济发展过程中，有着不可替代的巨大推动作用。以法国为例，巴黎拉德芳斯是世界著名的总部企业基地之一。1958 年，巴黎市政府为了提供更加充足的商务办公空间，缓解老城区的人口、交通压力，保护原有的历史建筑和城市风貌，决定在拉德芳斯区规划建设现代化的城市副中心。拉德芳斯占地约 750 万平方米，规划建设写字楼 250 万平方米，并计划用 30 年的时间建设成办公、居住、娱乐设施齐全的现代化商务中心。经过几十年的开发建设，拉德芳斯区已经成为欧洲最具影响力的商务中心区，被誉为“巴黎曼哈顿”。

二、北京总部经济的发展历程和基本特征

（一）北京总部经济的发展历程

1997 年，北京市委、市政府提出了“首都经济”的发展思路，首次明确了首都经济发展的基本方向。“首都经济”提出以后，北京市委、市政府加快了北京产业结构战略性调整的力度，大力发展高新技术产业和现代服务业，有力地推动了首都区域经济的增长。1999 年，北京市率先发布了《关于鼓励跨国公司在京设立地区总部若干规定》。2004 年，在北京市第十二届人民代表大会第二次会议上，时任代市长王岐山在政府工作报告中提出，要广泛吸引跨国公司、国内外金融机构、大企业、大集团来京设立总部、研发中心、营运中心、采购中心，发展总部经济。2005 年，在《中共北京市委关于制定北京市国民经济和社会发展第十一个五年规划的建议》中也明确指出：“要进一步完善政策环境，大力发展总部经济，积极吸引跨国公司在京设立地区总部、研发中心、结算中心、采购中心和营运中心，积极争取国际组织在京设立分支机构和总部，进一步提高北京的国际吸引力、影响力和竞争力”。2007 年，在北京市第十二届人民代表大会第五次会议上，时任市长王岐山同志提出，积极吸引跨国公司地区总部、研发中心和结算中心，争取更多国内行业龙头企业总部落户北京[①]。

2009 年，北京市政府印发了《关于鼓励跨国公司在京设立地区总部的若干规定》。2012 年 12 月，北京市市委书记郭金龙同志在北京市委十一届二次全会上指出“要发挥总部经济的优势，支持总部管理与实体化经营并行发展”[②]。2013 年 1 月，北京市市长王安顺同志在政府工作报告中也明确提出了要“完善和延伸跨国公司总部政策”。总部经济是首都

---

① 王岐山代市长在北京市第十二届人大第二次会议上做的《北京市政府工作报告》. 网址：http://www.china.com.cn/chinese/difang/503263.htm，2004 年 2 月 16 日.

② 郭金龙在北京市委十一届二次全会上的工作报告（全文）. 网址：千龙网：http://www.qianlong.com/2012-12-28.

经济的重要特征，引导和支持总部企业在北京发展，有利于首都服务业产业调整和优化升级，有利于提升北京在全球产业分工格局中的地位。为全面落实北京市第十一次党代会精神，发挥首都优势，促进总部企业在京发展，打造世界高端企业总部聚集之都，北京市政府于 2013 年 9 月发布了《关于加快总部企业在京发展的工作意见》及《关于促进总部企业在京发展的若干规定》（京政发〔2013〕29 号文件），对于促进北京总部经济的发展起到了积极的推动作用。

（二）北京总部经济的基本特征

1. 总部经济发展迅速，社会贡献多

经过多年发展，北京总部经济已经走在全国前列。据美国《财富》杂志统计，2014 年北京拥有 52 家世界 500 强企业，仍是全球拥有 500 强企业最多的城市，显示了北京在世界城市体系中的国际地位和国际竞争力。2013 年，北京共有符合认定标准的总部企业 3937 家，资产 82.7 万亿元，营业收入达到 9.1 万亿元，利润总额 1.8 万亿元，吸纳了 309.8 万名从业人员。其中，经认定的外资跨国公司地区总部 146 家。2013 年，北京总部企业的户均资产 210 亿元，户均营业收入 23.2 亿元，户均利润总额 4.7 亿元，总部企业营业利润率为 20.1%。北京总部经济的社会贡献越来越高，有效促进了北京高端产业的发展，城市影响力不断提升。据统计，2013 年北京 3937 家总部企业以占全市 27.9%的从业人数创造了全市 66.8%的营业收入和 89%的利润，已经成为推动首都经济发展的重要力量。

2. 总部企业进入稳步增长期

北京总部企业中，有 70%左右的企业成立时间在 10 年以上，企业的抗风险能力较强，发展较为稳定。国有总部企业在北京总部企业中占有较大比例，如中国银行、首钢总公司、中国人寿等。成立时间在 5 年以内的总部企业中，大部分为民营企业和外资企业。近年来，北京总部

企业正通过合并和股权、资产收购等多重形式进行整合，部分企业通过国际资本市场在全球范围内配置资源，规模不断扩大，组织结构不断优化，总部企业进入了稳步增长的发展时期。

3. 央企总部经济占比突出

央企总部经济占比突出，盈利能力较强，是北京总部经济发展的显著特色。2013年，在京的央企总部资产总额达到了67.9453万亿元，占全市总部企业的82.2%；共实现营业收入5.1203万亿元，占全市总部经济的56.1%；实现利润1.397万亿元，利润总额占全市总部经济的76.3%；吸纳的从业人员总量达到93.4万人。

4. 总部经济产业链分布日趋合理

北京总部企业遍布管理决策、科技研发、市场营销、资本运作等产业链核心环节。目前，北京的金融类总部企业最为突出，2012年已拥有金融总部企业106家，2013年增加为366家，为北京产业发展提供了充足的资金支持；北京的高端制造业总部经济初具规模，2012年共拥有制造业总部企业172家，主要分布在通信设备、计算机及其他电子设备制造、通用专用设备制造业，仪器仪表及文化等领域；营销类总部企业数量增长较快；管理型总部企业的投资收益巨大，仅次于金融总部；研发企业总部发展迅速。2012年北京研发总部企业100家，占全市科学研究、技术服务和地质勘察企业的54.7%。

5. 北京总部企业引领全国、辐射能力增强

北京总部企业在支撑本地经济发展的同时，对境外其他区域的辐射带动作用显著。辐射力指数是衡量总部企业发展水平的重要指标，反应总部企业活动的对外扩展成果。以2012年入选世界500强的44家北京总部企业为例，44家企业及其下属子公司在北京实现收入占其全部收入的17.6%，业务扩展辐射力指数[①]达到4.68，即京外经济活动总量是京内

---

① 业务扩散辐射力指数=（全部业务收入–北京区域内的全部业务收入）/北京区域内的全部业务收入。

经济活动总量的 4.68 倍，对外辐射能力较强。中关村是北京总部企业聚集区，大量高新技术企业利用北京科技资源优势在全国布局发展，做大做强。2012 年中关村实现技术成交额 1199.2 亿元，其中 66%输送到京外，发挥了科技创新高地的龙头作用。

6. 总部企业空间集聚效应明显

北京总部企业初步形成了集聚发展态势。初步统计，北京“六高四新”[①]高端产业功能区中，2013 年共有规模以上入驻企业近 2 万家，其中，总部企业数量占全市总部企业数量的 70%左右，较上年度增加 6 个百分点左右，总部企业集聚程度正在稳步提高。在集聚明显的朝阳、海淀、西城、东城和丰台 5 个区中，海淀区作为中关村科技园区核心区，在吸引 IT 总部、研发总部方面优势明显；西城区是最大的金融企业总部集聚地；朝阳区凭借 CBD 区域的快速发展和独特的地理优势成为外资企业总部投资首选；东城区以文化推动经济发展，催生了王府井商业中心区、雍和文化创意园、南中轴现代服务业集聚区等高端产业集聚区；丰台区致力于打造总部基地，总部经济已初具规模。

① 《北京市国民经济和社会发展第十二个五年规划纲要》中明确提出，北京市将提升高端产业功能区辐射力，积极培育高端产业功能新区，构建“两城两带、六高四新”的创新和产业发展空间格局，成为全市高端产业发展的重要载体。“两城”即中关村科学城和未来科技城；“两带”即北部研发服务和高技术产业带、南部高技术制造业和战略性新兴产业发展带；“六高”即中关村国家自主创新示范区、北京经济技术开发区、商务中心区、金融街、奥林匹克中心区、临空经济区等六大高端产业功能区；“四新”即通州高端商务服务区、首钢高端产业综合服务区、丽泽金融商务区、怀柔文化科技高端产业新区 4 个高端产业新区。

第二章　北京总部经济发展环境

总部企业的区位决策是企业内部优势与引资区位优势共同作用的结果，许多学者从不同角度利用跨国公司投资理论、增长极理论等研究影响企业区位决策的因素。根据联合国贸易发展委员会的研究发现，跨国公司地区总部的选址大多考虑的因素包括：高素质的国际化专业人才、较低的企业和个人所得税、接近消费群体、良好的信息技术设施和相关业务支援服务。根据我国总部经济专家赵弘的研究成果，只有经济较为发达的城市才可以大力发展总部经济，这些城市具有的共同特点如下：①拥有高素质的人力资源和科研教育资源，能够使企业总部获得所需的战略性资源；②具有明显的区位优势和完善的交通信息基础设施，便于企业总部的组织协调；③具有一定的城市规模和影响力，可以对周边区域产生辐射带动效应；④具有较为完善的高端生产服务业体系；⑤具备良好的法律制度环境和多元文化环境氛围[①]。因此，北京总部经济的快速发展，有赖于其独特的区位优势，以及优越的基础设施、优良的产业生态环境和完善的政策环境等软硬件的全面支撑。

PEST 分析方法是管理学中常用的一种宏观环境分析法。它从企业生产运营所在地的政治（Politics）、经济（Economics）、社会（Social condition）与科技（Technology）4 个方面分析企业外部环境，帮助企业寻找最佳投资区域和投资时机。本章参照 PEST 框架对北京总部经济的发展环境进行全方位分析。

① 张涵. 北京城市发展向何处去——访北京市社会科学院副院长、中国总部经济研究中心主任赵弘[J]. 中国国情国力，2014（3）：9-11.

一、政治环境

投资区域的政治稳定性、国际影响力和法制环境是影响企业区位选择和运营的重要因素。作为中国最高权力机构所在城市，北京独特的首都功能成为其吸引总部企业的重要优势之一。

（一）独特的首都功能

北京独特的首都功能优势使其成为政策信息的聚集中心，聚集了大量国民经济运行的管理者、监督者和政策制定者。与这些管理人员或部门的密切接触，做好与各级政府的协调沟通工作，可以帮助总部企业更好地把握政策走向、及时获取相关政策信息以抢占市场先机。这一优势对企业总部具有非常大的吸引力。另外，大量集中的各国使馆、国际组织驻华代表机构和外商机构等国际化资源使得北京无可争议地成为重要国际交流中心，为在京企业提供了国际化运营便利，使其成为企业总部在国内的首选之地。

（二）优惠的发展政策

北京一直高度重视总部经济政策与企业总部需求之间的契合度，着力培育适合总部经济发展的市场环境，不断加强区域统筹，提高各类企业配套对接能力，充分发掘总部经济的溢出效应和集聚效应。

2011 年，北京市就开始打造“两城两带，六高四新”创新和产业发展空间格局。六大高端产业区聚集了北京 90%以上的高技术产业、80%的现代制造业、55%的生产性服务业和 52%的文化创意产业。中关村已成为我国经济规模最大的高技术产业基地，以金融街为中心的金融集聚区正向着国际金融中心迈进，CBD 聚集了大量的外资企业，通州高端商务服务区大力发展高端商务、康体医疗、文化传媒等产业，怀柔文化科技高端产业新区在文化科技、现代产业基地和生态宜居典范方面发挥集聚和引领作用。这些区域的发展成为北京总部经济发展的重要组成部分。

为了促进新兴产业发展，北京制定了一系列的经济政策促进产业发展。2011 年 7 月，北京市出台《关于加快培育和发展战略性新兴产业的实施意见》，决定在未来 5～10 年构建以新一代信息技术为引擎，以生物、节能环保、新材料、新能源等为突破的战略性新兴产业格局，进一步聚集世界高端企业总部，加快迈向世界城市的步伐。2011 年，国务院正式批复了中关村国家自主创新示范区发展规划纲要（2011—2020 年），希望用 10 年时间将其建成具有全球影响力的科技创新中心和高技术产业基地。与此同时，北京为中关村建设制定了“1+6”先行先试政策，包括建立中关村科技创新和产业化促进中心、允许中央级事业单位科技成果处置权和收益权改革试点、税收优惠试点、股权激励试点、科研经费管理改革试点、高科技企业认定试点和建设全国场外交易市场试点等，形成了有利于创新创业的体制环境，为中关村经济发展和高科技企业总部聚集打下了良好基础。

作为全国政治文化中心和国际交往中心，借助其深厚的文化底蕴，北京文化创意产业发展迎来了较好的机遇。近年来，北京出台了一系列扶持文化创意企业的政策，发布《北京市文化创意产业投资指导目录》，每年拨出专项产业促进资金，文化创意产业得以迅速发展，使得文化产业的总部集聚优势更加明显。

在吸引总部企业入驻方面，2009 年，北京市政府印发《关于鼓励跨国公司在京设立地区总部的若干规定》（京政发〔2009〕15 号），从财政、人才、基地建设、便捷服务、战略合作等方面加大对企业总部的扶持力度，增加对区域性总部的认定、支持和奖励，抓住全球资源整合和国内经济结构调整契机，吸引新的企业总部入驻，鼓励原有总部不断升级其地区总部功能和管理运营能级，扶持企业总部在北京做大做强。2013 年，北京市印发实施了《北京市人民政府关于加快总部企业在京发展工作意见的通知》，旨在建立健全总部企业重大项目投资发现机制和跟进服务机制，搭建总部企业市场对接平台，培育和打造一批总部经济集聚区，实现集聚发展、差异发展目标，提供总部经济发展的优惠措施和配套服务，更强有力地促进了总部经济快速发展。

（三）良好的法制环境

改革开放以来，北京法制建设取得了巨大进展。地方立法不断加强，立法质量不断提高；在依法行政和严格执法方面迈出重要步伐；司法改革不断深入，各级司法机关在实现司法公正、保持社会稳定、促进经济发展方面起到了重要作用。

北京的法律措施较为完善，执行过程较为规范，执法力度较强，较好地体现了公平、公正、透明原则，为总部经济发展创造了良好的法制环境。在知识产权保护方面，北京建立健全了科技成果转化机制，建立了较为完善的法律法规和专利保护机制，全国首家知识产权审判专业机构——北京知识产权法院于 2014 年 11 月 6 日正式挂牌。北京市 2014 年司法行政系统工作会议明确要求全市司法行政机关紧紧围绕首都经济创新驱动、转型发展战略，整合优质法律服务资源，不断创新和拓展专项法律服务，对中关村国家自主创新示范区、国际商务中心区（CBD）、北京经济技术开发区和金融街等总部经济聚集地提供专项法律服务团，各区县司法局也结合功能定位，开展富有特色、形式多样的专项法律服务，为区域经济社会发展提供高效法律服务。北京不断加强与国际法规和惯例接轨，大幅降低民营企业行业进入壁垒，确保民营企业在京发展的法规制度的公平性和稳定性，大幅减少政府行政性审批环节，提高行政效率，设立绿色通道，为企业提供高效服务。

二、经济环境

一个有利的经济环境不仅可以为总部经济发展提供充足的资源，还可以为总部企业提供更大的盈利空间。北京较高的经济发展水平和发达的服务业成为吸引企业总部入驻的重要因素，而京津冀协同发展战略更为北京总部经济发展提供了广阔的空间。

（一）快速的经济发展

与其他城市相比，北京具有较高的经济发展水平和较为发达的服务业，其经济增长速度较快，地区生产总值一直保持着较高的增速，如图 2.1 所示。2013 年北京市实现地区生产总值 19500.6 亿元，2014 年全市实现地区生产总值 21330.8 亿元，比上年增长 7.3%，全市人均地区生产总值为 99995 元，按年平均汇率折合为 16278 美元，已达到中上等发达国家水平。较大的经济总量意味着较大的市场规模和较高的生活水平，既提供了充足的城市发展资金，使得整个地区经济发展充满活力和机遇，为企业总部盈利和发展提供了充足的机会；又创造了对高端人才和优质资金的吸引力，为北京总部企业发展提供了较大的市场空间。

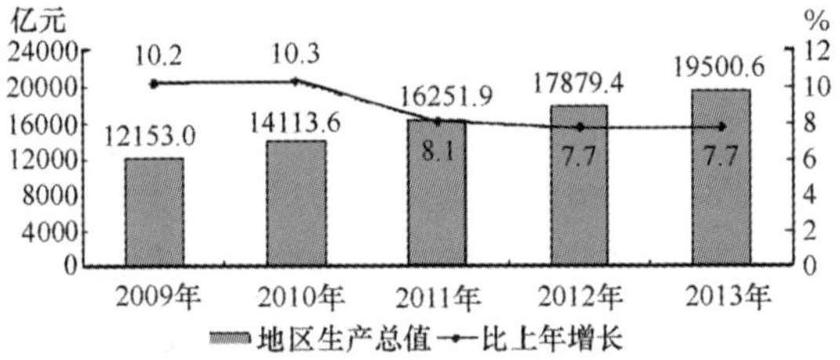

图 2.1　2009—2013 年北京地区生产总值及增长速度

资料来源：北京市 2013 年国民经济和社会发展统计公报。

作为国际都市和国家的对外交流中心，北京在对外经济发展和引进外资方面取得了较好的成就。尽管国际金融危机对全球贸易造成重大影响，北京的进出口贸易总值却呈现不断增长的趋势，2013 年进出口贸易总值达 4291 亿美元，服务贸易竞争力全国居首，贸易总值呈现不断上升态势。定期举办的全球性“中国（北京）国际服务贸易交易会”（简称京交会）成为全国服务贸易发展的促进平台，为北京服务贸易发展提供了更多机会。北京的离岸服务外包业务也一直保持着全国的领军地位。

利用外资方面，在全球经济衰退、全球外资流量不断减少的情况下，北京仍保持着较好的外资流入增长速度。2013 年北京全年批准合同外资 111 亿美元，实际利用外资 85.2 亿美元，同比增长 6%。各行业中，制造业实际利用外资 10.6848 亿美元，同比增长 23.7%，占比 12.5%；服务业实际利用外资 70.1014 亿美元，占比达 82.23%。2014 年北京实际利用外商直接投资 90.4 亿美元，同比增长 6.1%，其中，租赁和商务服务业、房地产业、信息传输、计算机服务和软件业、金融业成为引资较多的行业，外资进入和北京产业结构调整呈现出相互促进的趋势，也为总部经济发展提供了更为坚实的基础。

（二）发达的生产性服务业

总部企业是执行高级管理职能的管理机构，在最常见的“总部-生产基地”的发展模式中，总部与基地之间大量的信息、资金和人员调动等都需要高端服务业支撑。区域内的银行业、保险业、证券业、房地产业、广告业、航运业、商贸业、物流业、法律业、咨询业等商务服务业的发展水平和国际化水平都会影响其地区总部功能的发挥。

自 2003 年以来，北京的产业结构发生了巨大变化，生产性服务业、文化创意等产业的快速发展，使得北京生产性服务业年均增速高于全市 GDP 增速，已形成生产性服务业主导的服务经济格局。第三产业占比达到 75%以上，其服务业发展水平居全国首位，已成为全市经济增长的主要来源和动力。2013 年北京服务业产值占 GDP 总值的 75%以上，已达到发达国家水平，在北京集聚的大量高端制造业和高端服务业、信息服务业、商务服务业、金融业等生产性服务业竞争力居全国首位，为北京总部经济发展提供了强有力的支撑。

近年来，国内外金融巨头、保险公司、会计师事务所、广告公司等高端生产性服务业公司将其总部设在北京。北京成为高端商务服务的聚集地，已形成的 CBD、中关村和金融街等总部企业集聚区，为企业总部管理控制功能的发挥提供了有力支撑。

北京建立了许多大型交易市场，如石油交易市场、国家矿业权交易中心、国家粮食交易中心、全国棉花交易市场等，扩大了北京高端交易市场。在文化产业发展方面，北京拍卖行业发展较快，连续 5 年举办北京拍卖季，培育大型拍卖企业和艺术品拍卖市场。2011—2012 年北京文物艺术品累计成交额达 729.81 亿元，占全国文物艺术品交易额的 70%以上。北京正逐渐成为继伦敦、纽约、香港之后的世界四大中国文物艺术品交易中心之一。会展方面，2010 年以来，北京市政府采取措施促进会展业发展。2012 年，北京举办展会项目 422 个，其中 ICCA[①]统计的国际会议 109 场，位列全球第 13，为北京赢得了良好声誉，也为北京总部经济发展提供了雄厚基础和有力支撑。

（三）优质的文化产业

千年古城北京具有浓厚的文化氛围，遍布全市的博物馆、图书馆、文物古迹为北京市民提供了休闲娱乐、了解历史、增长知识、开拓视野的机会和场所。到 2013 年年末，北京拥有综合类、历史类、艺术类、自然科技类博物馆 167 个，文物藏品 430 万件，拥有公共图书馆 25 个，藏书 5316 万册，48.4 万平方米的图书馆建筑面积；群众艺术馆、文化馆 20 个，拥有专业艺术剧团 35 个，演出 13016 场次，极大地丰富了北京人民的文化娱乐生活。

2005 年 12 月，北京市委、市政府做出了大力发展文化创意产业的决策，将其作为首都重点发展产业进行全面推进。经过多年发展，北京的文化创意产业全国排名第一，已成为北京重要的支柱产业和新的经济增长点，为北京经济发展做出重要贡献。2012 年北京市文化产业实现增加值 2205.2 亿元，占地区生产总值的比重达到 12.3%，成为仅次于金融业和批发零售业的第三大支柱产业。

北京的文化市场日益繁荣。北京电视剧生产数量目前居全国第一，电影生产制作占全国的 1/2，电影出口占全国的 1/2，图书出版单位占全国的 41%，报刊种类占全国的 30%，音像出版单位占全国的 43%。文化

① 国际大会及会议协会，简称 ICCA，创建于 1963 年，是全球国际会议最主要的机构组织之一，是会务业最为全球化的组织。

"走出去"优势明显，北京国家文化出口重点企业占全国的26.5%，动漫网游出口占全国的60%，涌现了一批文化创意企业[①]。

北京文化创意产业功能区布局在稳步推进，东城、西城、朝阳、海淀4个城区已成为北京发展文化创意产业的重镇，全市已先后认定了30家市级文化创意产业集聚区。北京将立足全国文化中心定位，进一步深化文化体制改革，不断增强文化创意产业的综合实力和竞争力。

（四）优越的区域协同

研究表明，"长三角"区域经济发展在很大程度上取决于上海和江浙地区的紧密合作，江浙地区对上海整体经济转型和总部经济发展起了很大的支撑作用[②]。大型企业将研发总部和运营总部设立于上海，其经营实体则分布在距离较近、经济实力相近、加工制造能力强的江浙地区，形成了统一协调的区域协同发展形态。而"珠三角"地区则以香港为核心，众多国内外总部企业集聚香港，部分扩展到广州、深圳等地，顺德、东莞等邻近地区成为生产企业集中地，较好地实现了总部-加工基地的区域发展模式。相比上述两个区域，京津冀三地的产业协同战略，受行政区划、区域经济发展差距等影响，发展路径还需要进一步协调。经过多年发展，以京津冀为代表的首都经济圈已成为北方最大的研发基地和产业密集区，三省（市）的GDP占全国比重不断升高，2011年已超过"珠三角"地区。随着国家战略层面的京津冀协同发展的推进，三地之间的合理分工和协作将为北京总部经济发展提供更为广阔的空间，区域协同和区域整体竞争力将进一步提升，更好地实现三地共同发展。

三、社会环境

良好的区域社会环境不仅保证了企业的顺利运营，而且也保证了企

① 李洋. 北京文化产业蓬勃发展[N]. 北京日报，2013-11-4.

② 丰志勇，何骏. 上海发展总部经济的现状、重点和模式[J]. 国际经贸探索 2009（2）：61-66.

业员工的身心健康，更为企业的可持续发展打下了坚实的基础。

（一）高品质的城市生活水平

总部企业的设立往往意味着该地区将成为企业核心领导层和高级管理人员的长期居住地，这些高级管理人员收入丰厚，对生活品质有较高要求。总部所在地不仅要有优良的商务环境，还要有适合高级管理人员及其家庭成员长期居住的良好生活环境。如果一个地区缺乏高质量的文化、教育、体育和娱乐设施，只会增加总部人员不稳定性和总部管理费用，无法吸引总部企业入驻。因此，区域的城市生活设施水平、教育与医疗水平成为影响总部选址的重要因素。

与国内其他城市相比，北京能够提供较好的城市生活设施，其教育和医疗资源处于全国最高水平，政府充足的财力保证了其对公共服务体系的投资。北京聚集了全国最好的医疗资源，如北京协和医院、北京天坛医院、北京大学附属医院、北京宣武医院、北京同仁医院等。2013 年年末，全市共有卫生机构 10126 个，其中医院 632 个，卫生技术人员 21 万人。北京发达的交通设施方便了居民出行；资源充足的高质量教育体系保证了教育质量，使得北京市民可以享受较便利的城市生活。

2013 年，中国经济实验研究所发布了 2013 年 35 个城市生活质量指数，其中城市生活质量客观指数由 5 个指数构成，包括生活水平、生活成本、人力资本、社会保障和生活感受 5 个方面，北京的指数居榜单首位，指数的提升得益于民生工程的深入实行，但生活成本、空气质量等方面的问题对北京的城市吸引力构成了严峻挑战。

（二）发达的交通设施

区域基础设施建设水平是区域经济发展的基础，与生产企业相比，企业总部对基础设施要求较高、对信息和商品的流通更加敏感。作为国际城市，北京的交通基础设施和城市生活设施要远远好于中国其他地区，现代的交通体系、便捷的通信网络和丰富的外向性经济元素使得北京成为中国与世界的商品、资金、信息、资源等要素集聚地，为总部企业运行发展提供了坚实的基础。

作为首都，北京拥有较为便捷的立体交通网络，发达的铁路、高速公路、民航等多种交通网络将北京与世界连成一体。公共交通方面，北京构建了较为完善的地上和地下公共交通网络以满足居民出行要求，2013 年年末，北京市公共电汽车运营线路达 813 条，运营线路长度 20575 千米；轨道交通运营线路 17 条，全年客运总量 49 亿人次。陆运方面，根据“十二五”规划，由 7 条首都放射线、9 条南北纵向线、18 条东西横向线组成的国家高速公路网将于 2015 年基本建成，为北京提供更加便利的陆路运输。空运方面，始建于 1958 年的北京首都国际机场被称为“中国第一国门”，是中国最重要、规模最大、设备最先进、运输生产最繁忙的大型国际航空港，亚太地区唯一一家拥有 3 个航站楼、3 条跑道、双塔台同时运行的机场，成为连接亚、欧、美三大航空市场最为便捷的航空枢纽，每天有 92 家航空公司近 1700 个航班将北京与世界 236 个机场紧密连接，形成了较为完善的国际航空网络。

到“十二五”末，北京的城市快速路将达到 300 千米，新建城市主干路 200 千米，中心城区公交专用道 450 千米，轨道交通运营里程达到 660 千米，日均客运量达到 1200 万人次，使得北京的交通承载能力得到进一步提高，中心城市交通拥堵状况得到缓解。同时，北京还要构建一体化综合运输服务体系，提高其对外辐射能力：北京要基本建成 21500 千米市域公路网，其中高速公路达到 1000 千米，加快铁路枢纽建设，强化高速铁路的区域辐射能力，铁路旅客年发送量达到 1.8 亿人次，货物年发送量达到 2900 吨；打造适应北京未来发展的世界级大型国际枢纽机场，航空旅客年吞吐量超过 1.2 亿人次，货邮吞吐量超过 300 万吨，并加快出海通道建设。

在不断加强交通设施建设的同时，北京市也在不断完善新一代智能交通运输管理与服务体系的建设，要建立以交通运行协调指挥中心为核心的综合运输管理与协调、决策支持服务平台，进一步提高其服务质量。

（三）完善的信息网络

北京是我国的信息中心，中国移动通信集团公司、中国联合网络通信集团有限公司等通信公司总部为北京信息基础设施建设提供了有力保障。设在北京的中国科学技术网（CSTNET）、中国教育和科研计算机网（CERNET）、中国公用计算机互联网（CHINANET）和国家公用经济信息通信网（CHINAGBN）四大控制中心为企业获取和传播信息提供了便利，保证了信息的及时性、权威性和完整性。

北京市政府于2013年6月出台了《宽带北京行动计划（2013—2015年)》，计划到2015年年底建成新一代信息基础设施，使北京成为全球信息通信枢纽和互联网中心，实现信息基础设施和信息化应用相互促进、宽带信息技术和相关产业互动发展，将北京建成城乡一体的光网城市、移动互联的无线城市和高速便捷的宽带城市。北京是全国大数据资源最丰富的地方，拥有大量大数据关键核心技术和发展大数据的良好产业基础，2014年12月10日，北京市经济和信息化委员会等机构建立的北京大数据交易服务平台正式上线，希望构建一个公平公正的北京大数据交易平台，并进一步完善其产业发展环境，真正发挥北京的资源优势和产业优势。

四、科技环境

作为企业的最高管理机构，企业总部的运营不仅需要高科技装备的硬件环境，更需要大量的高端人才以实现其管理职能。北京的科技发展水平、人才供给、对高端人才的吸引力居于全国领先地位，为企业总部运营提供了坚实的后盾。北京是我国科技和教育事业最发达的地区之一，聚集了大量优秀的人才和科研机构，科技实力十分雄厚，创新能力全国领先。

（一）高层次的教育水平

北京在教育方面具有其他城市无法比拟的优势，从学前教育到高等教育，北京聚集了大量优质的幼儿园、小学、中学、大学和科研机构，师资力量十分雄厚。2013 年，北京拥有学前教育学校 1384 所、小学教育学校 1093 所、特殊教育学校 22 所、中等教育学校 757 所，其中，初中教育学校 347 所，中等职业教育学校 119 所，普通高中 410 所。高等教育机构中，具有研究生培养机构的有 177 所，其中，高等学校 136 所，科研机构 56 所；普通高等学校 89 所，其中，中央部属高校 35 所，市属高校 54 所。北京大学、清华大学、中国人民大学等一批名校和国家级科研机构成为北京高端教育质量的典型代表。

北京总部经济的建设也向北京的教育提出了更高要求。北京的教育将以加快转变经济发展方式为主线，充分发挥首都科技智力优势，提高自主创新能力，加快人才培养体制改革，全面提升教育现代化水平，为首都转变经济发展方式提供更有力的人才保障和知识贡献。为了适应首都产业结构优化升级、高端产业发展和总部经济的需要，北京进一步整合职业教育资源，优化职业教育结构，培养高技能人才，为总部经济发展提供合格的优秀人才。在高等教育方面，北京将进一步推动高校改革，不断提高办学水平。建设一流大学，创新人才培养体制，提高学生培养质量，培养一批具有国际视野的拔尖创新人才和引领时代发展的学术大师，培养更多的应用型、技能型行业领军人才。不断增强科技创新能力，完善科技成果工程化研究开发平台，在战略性新兴产业领域与企业、研发机构合作培养高层次人才。

到 2015 年底，北京将保持市民受教育程度在全国的领先地位，高中阶段教育毛入学率达到 99%以上，主要劳动年龄人口受过高等教育的比例达到 40%，新增劳动力平均受教育年限达到 15 年。显著提升职业教育，支撑经济发展方式转变和产业结构调整的能力。建设 100 个左右北京市重点实验室和 30 个左右北京市高校工程研究中心，以大力支持基础性理论研究和原始性科技研发和应用成果的转化。

在科普教育方面，北京也有较大投入，保证了市民基本素质的提高。

2014 年，北京开展全国科技活动周暨北京科技周、全国科普日等国家级和市级大型科普活动 40 余项，参加人数累计近 3000 万人次。市级科普基地总数 293 家，全市 500 平方米以上的科技类场馆数量 89 个，每万人拥有科普场馆展示面积 189.8 平方米。市区两级财政投入科普专项经费约 1.53 亿元，带动全社会投入科普经费超过 20 亿元。北京地区出版的 28 种科普图书入选 2014 年全国优秀科普作品，占获奖总数的 56%。全市科普工作在全国发挥了示范引领和辐射带动作用①。

（二）高质量的人力资源

高级人力资源的可获得性关系到总部企业的正常运营和经营战略的顺利执行，总部企业不仅需要财务、金融、物流、行政、贸易等专业性人才提供服务，更需要大量复合型人才做出重大决策。因此，区域内可获得的高级人力资源数量和质量是影响企业总部决策的重要因素之一。

北京雄厚的教育资源为北京培养了大量的高质量人力资源。2013 年，北京在校普通本科生和专科生达到 589234 人，毕业人数达到 148689 人，在校硕士生 193452 人，毕业 59552 人，在校博士生 72204 人，毕业 13805 人；研究生课程进修班和各类进修及培训班共毕业 723394 人。各类职工技术培训学校培训 3201775 人次，这些人才分布在各行各业，为北京的社会经济发展做出了重要贡献。

科研人员也成为北京高质量人力资源的重要来源之一。2013 年，北京具有科技人员 681346 人，其中研究与试验发展的人员 334194 人，研发经费内部支出 1185 多亿元；承担国家科技项目 50858 项，地方科技项目 10741 项，企业委托项目 27103 项②。除了本地培养的人力

① 数据来源于北京市 2015 科普工作联席会议。

② 数据来源于北京市统计年鉴 2014。

资源，北京还采取多种方式吸引各地高级管理人员来京就业，并给予大量的优惠政策，先后制定并修订了《北京市吸引高级人才奖励管理规定》等系列文件。北京鼓励各类高级人才在京创业和工作，对于本市重点发展领域的高级人才按照对首都经济社会发展贡献程度给予政府奖励，奖励金额累计不超过 30 万元。这些人员包括：被跨国公司地区总部、注册资本 1000 万美元（含）以上的外商投资企业、世界 500 强中的境外公司在京投资的企业级世界知名会计师事务所聘用，连续两年以上担任副总经理以上或相当职务的人员；被软件企业、集成电路企业聘用，连续两年以上且年薪 15 万元（含）以上的高级管理人才和专业技术人才；被北京科技研究开发机构聘用，连续两年以上担任主任或相当职务且年薪 15 万元（含）以上的人员；被来京投资企业聘用，连续两年以上担任常务副总经理以上职务及担任总会计师、总工程师、总经济师的人员；被在京金融企业聘用，连续两年以上担任副总经理以上或相当职务的人员等。对于吸引来京的外省市专业技术和管理人才，可以享受本市市民待遇，甚至办理调京手续。对入区工作的高级人才（含随迁的配偶、子女），优先为其办理户口进京手续，推荐就业等优惠政策，解决其后顾之忧，使得高级人才可以尽情在北京发挥其聪明才智。

（三）高水平的科技创新能力

随着北京经济实力的增强和对科技创新的日益重视，北京的研发投入不断增长（见图 2.2），研发经费支出增长速度明显高于北京市 GDP 增长速度。2013 年，北京市财政支出中，用于节能环保、科学技术的支出分别增长了 21.7%和 17.4%。全年研发经费支出 1200.7 亿元，比 2012 年增长 12.9%，相当于地区生产总值的 6.16%。2013 年，北京的研究与发展经费支出达到 1063.4 亿元，其中，用于基础研究的为 125.8 亿元，应用研究为 241.8 亿元，试验发展为 695.8 亿元。

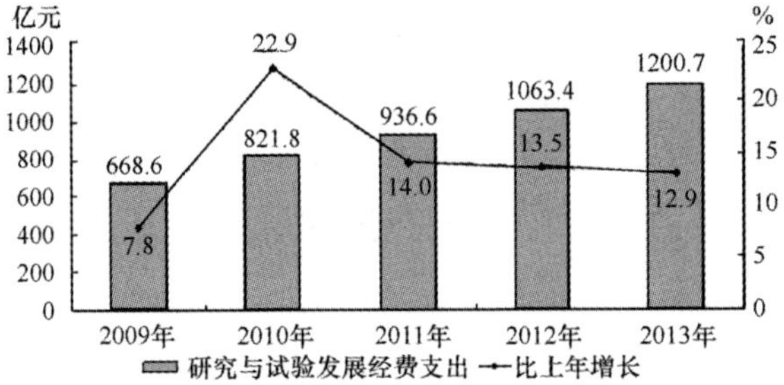

图 2.2　2009—2013 年北京市研究与试验发展经费支出及增长速度

资料来源：北京市 2013 年国民经济和社会发展统计公报。

北京市聚集了大量的科研院所，为北京的科技创新做出了重大贡献。北京所拥有的研发总部也成为北京独特的资源，2013 年北京共拥有研发总部 339 家，主要从事工程技术、技术推广等项目。2013 年北京拥有研究与发展人员 33 多万人、288 个科研院所，包括中国科学院的 41 所、中国社会科学院的 37 所、国务院部门 160 所和北京市 50 所研究机构，研发经费共计 222 亿元。其拥有的国家级“973 计划”占全国比重高达 42%，“863 计划”占全国比重达到 23.5%，2012 年受理专利申请 92305 项，其中，发明为 52720 项。北京已成为全国技术交易中心，2013 年，北京市认定登记技术合同成交项数达 62743 项，成交额 2851.2 亿元，比上年增长 16.0%，总量占全国的 38.2%。这些交易中，北京本地区交易技术 581.7 亿元，占比 20.4%；技术出口 653.6 亿元，占比 22.9%；流向全国其他省市技术 1615.9 亿元，占比 56.7%；航空航天、环境保护、中西部地区的先进制造、新材料、生物医药等新兴领域技术交易保持较快增速。

近年来，北京技术进口保持了较大的增幅。2013 年，进口技术合同 1068 项，合同成交额 239.7 亿元，比上年增长 26.4%，凸显了北京作为国际技术转移的枢纽地位。2013 年，北京地区技术交易值占地区生产总值比重达 9.4%，比上年增长 0.1 个百分点，技术市场促进了高新技术与产业融合发展，支撑了首都经济发展方式的转变和产业结构的优化升级，对首都经济社会发展的贡献日益显著[①]。

2014 年 5 月 6 日，北京发布《北京技术创新行动计划（2014—2017 年）》，该计划作为北京市深入实施创新驱动发展战略，紧紧围绕国家重大战略需求和首都城市战略定位，准确把握科技创新的发展目标、实现路径和重点任务，深化科技体制改革，不断提高自主创新能力，促进科技成果产业化和新技术、新产品的推广应用。这些创新行动计划包括首都蓝天行动、首都生态环境建设与环保产业发展、城市精细化管理与应急保障、首都食品质量安全保障、重大疾病科技攻关与管理、新一代移动通信技术突破及产业发展、数字化制造技术创新及产业培育、生物医药产业跨越发展、轨道交通产业发展、面向未来的能源结构技术创新与辐射带动、先导与优势材料创新发展、现代服务业创新发展共 12 个重大专项。这些专项的实施将进一步促进北京科技产业的发展，也会为北京总部经济发展提供强有力的支撑，不仅会吸引更多的研发中心落户北京，也会为其他总部企业提供更多的技术支持。

① 以上数据来自北京科学委员会网站。

第三章　北京总部经济专题分析

一、北京总部经济现状分析

总部经济是首都经济结构的重要组成部分，总部企业是总部经济发展的主体。为引导和支持总部企业在京发展，实现服务业结构调整和优化升级，增强“北京服务”的影响力和辐射力，打造世界高端企业总部集聚之都，北京市政府出台了《关于加快总部企业在京发展的工作意见》（京政发〔2013〕29 号），对于总部企业给予了明确的界定标准，认为总部企业是对其控股企业或分支机构拥有控制权或行使管理权的企业组织，在本市行政区域内注册，且具有法人资格；跨地区或跨境经营，且在京外至少拥有 1 个分（子）公司；资产合计和营业收入均在 1 亿元以上。2013 年，北京符合认定标准的总部企业共计 3937 家。

（一）总部企业总体情况

2013 年全部总部企业 3937 家，占全市单位的 0.6%；资产总额 82.7 万亿元，比上年增长 17.5%，占全市的 67.7%；营业收入 9.1 万亿元，增长 25.6%，占全市的 66.8%；利润总额 1.8 万亿元，增长 1.3 倍，占全市的 89%；吸纳从业人员 309.8 万人，增长 0.5%，占全市的 27.9%（见表 3.1）。

表 3.1　2013 年总部企业情况

总部企业	总　　量	增　　速（%）	占全市比重（%）
资产总计	826827.5 亿元	17.5	67.7
营业收入	91284.4 亿元	25.6	66.8
利润总额	18307.5 亿元	131.3	89.0
从业人员	309.8 万人	0.5	27.9

从经济类型看，央企总部1207家，资产占全市总部企业的82.2%，利润总额占76.3%，营业收入占56.1%，从业人员占30.2%；市属国企总部584家，营业收入占全市总部企业的7.2%，从业人员占17.6%，资产占2.7%，利润总额占3.1%；跨国公司地区总部146家，营业收入占全市总部企业的5.6%，从业人员占4.2%；民营企业总部275家，营业收入占全市总部企业的1.6%，从业人员占6%（见表3.2）。

表3.2　2013年总部企业类型情况

总部类型	单位数（个）	资产总计		营业收入		利润总额		从业人员	
		总量（亿元）	比重（%）	总量（亿元）	比重（%）	总量（亿元）	比重（%）	总量（万人）	比重（%）
总部企业	3937	826827.5	100	91284.4	100	18307.5	100	309.8	100
央企总部	1207	679453.1	82.2	51203.0	56.1	13970.0	76.3	93.4	30.2
市属国企总部	584	22585.9	2.7	6611.0	7.2	573.8	3.1	54.4	17.6
跨国公司地区总部	146	6226.5	0.8	5123.7	5.6	416.4	2.3	13.1	4.2
民企总部	275	2096.4	0.3	1426.0	1.6	79.3	0.4	18.5	6.0

（二）北京总部企业的分布特点

1. 地域分布较为集中

从企业注册地来看，北京总部企业在各区县均有分布，如图3.1所示。其中，东城区367家，西城区525家，朝阳区925家，海淀区1000家，丰台区252家，石景山区92家，门头沟区24家，通州区66家，昌平区130家，顺义区151家，大兴区251家，房山区58家，平谷区25家，怀柔区37家，密云县19家，延庆县15家。从企业数量来看，排名前6的地区依次是海淀区、朝阳区、西城区、东城区、丰台区、大兴区，共有总部企业 3320 家，占全市总部企业的 84.33%。具体分区县情况见表 3.3。

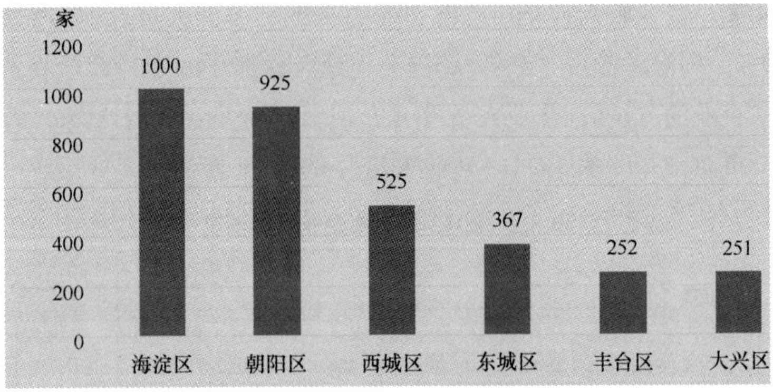

图 3.1　2013 年北京部分地区总部企业分布情况

表 3.3　2013 年北京部分区县总部企业分布情况

总部类型	单位数（个）	资产总计		营业收入		利润总额		从业人员	
		总量（亿元）	比重（%）	总量（亿元）	比重（%）	总量（亿元）	比重（%）	总量（万人）	比重（%）
总部企业	3937	826827.5	100	91284.4	100	18307.5	100	309.8	100
东城	367	108820.8	13.2	13576.1	14.9	7409.4	40.5	26.9	8.7
西城	525	495865.9	60.0	16498.7	18.1	53534.1	29.2	43.9	14.2
朝阳	925	70602.4	8.5	21539.1	23.6	2889.7	15.8	64.8	20.9
丰台	252	10728.7	1.3	3763.0	4.1	209.5	1.1	22.9	7.4
海淀	997	116347.5	14.1	1947.9	21.3	1464.3	8.0	67.1	21.7

具体来看，海淀区作为中关村科技园区核心区，在吸引 IT 总部、研发总部方面优势明显。2014 年，海淀区拥有总部企业 997 家，占全市总部企业的 25.3%。其中，从事信息传输、软件和信息技术服务行业的总部企业 233 家，占全市该行业的 63.3%；从事科学研究和技术服务行业的总部企业 128 家，占全市该行业的 37.5%。朝阳区凭借 CBD 区域的快速发展和独特的地理位置优势，成为外资企业总部投资首选。2014 年，朝阳区拥有总部企业 925 家，占全市总部企业的 23.5%。其中，外资及

港澳台总部企业 342 家，占全市该类型总部企业的 41.2%。从事租赁和商务服务业的总部企业 224 家，占全市该行业的 39.7%。西城区作为北京市最大的金融企业集聚地，具有得天独厚的区位优势。2014 年，西城区拥有总部企业 525 家，占全市总部企业的 13.3%。其中，金融总部企业 135 家，占全市该行业的 36.9%。东城区以文化推动经济发展，催生了王府井商业中心区、雍和文化创意园、南中轴现代服务业集聚区等高端产业集聚区。2014 年，东城区拥有总部企业 367 家，占全市总部企业的 9.3%。从事文化、体育和娱乐行业的总部企业 15 家，占全市该行业的 24.6%。丰台区、大兴区致力于打造总部基地，总部经济已初具规模。2014 年，丰台区、大兴区拥有总部企业分别为 252 家、251 家，占全市总部企业的 6.4%。

2. 第三产业占比较大

按照三大产业分类，北京总部企业中，有 13 家属于第一产业，占比 0.33%；第二产业 985 家，占比 25.02%；第三产业 2939 家，占比 74.65%，如图 3.2 所示。

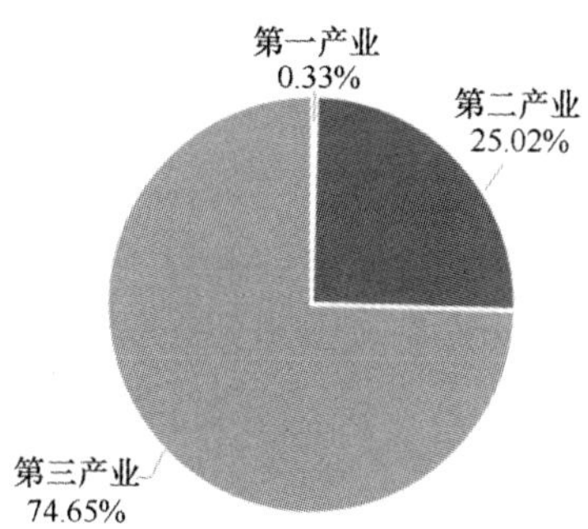

图 3.2　2013 年北京总部企业产业分布情况

表 3.4 所示为北京总部企业行业分布状况，从表中可以看出，总部企业中从事批发和零售业的企业共有 750 家，数量最多，占全市总部企业的 19.05%，体现了北京批发物流集散地的特征；从事租赁和商务服务业的总部企业 563 家，占全市总部企业的 14.3%；拥有制造业总部企业 545 家，占全市总部企业的 13.84%，多分布在通信设备、计算机及其他

电子设备制造业，通用、专用设备制造业，仪器仪表及文化、办公用品机械制造业，高端制造业总部特征明显；北京拥有建筑业总部企业 396 家，占全市总部企业的 10.06%；从事信息传输、软件和信息技术服务业的总部企业有 368 家，占全市总部企业的 9.35%；从事金融业的总部企业占比为 9.3%；从事科学研究和技术服务业的总部企业占比为 8.61%。

北京总部企业行业分布广泛，遍布市场营销、管理决策、科技研发、资本运作等产业链的核心环节，对市场、创新、资本、技术等高端优势资源有较强的控制力和配置能力。

表 3.4　2013 年北京总部企业行业分布情况（部分）

行业门类	企　业　数（家）	百　分　比
批发和零售业	750	19.05%
租赁和商务服务业	563	14.30%
制造业	545	13.84%
建筑业	396	10.06%
信息传输、软件和信息技术服务业	368	9.35%
金融业	366	9.30%
科学研究和技术服务业	339	8.61%
房地产业	263	6.68%

数据来源：北京市商务委员会 2013 年北京总部企业名录。

3. 央企总部聚集特征显著

按照企业类型划分，2013 年在京央企总部共有 1207 家，资产占全市总部企业的 82.2%，利润总额占 76.3%，营业收入占 56.1%；市属国企总部 584 家，资产占全市总部企业的 2.7%，利润总额占 3.1%，营业收入占 7.2%；民营总部企业 275 家，资产占全市总部企业的 0.3%，利润总额占 0.4%，营业收入占 1.6%。具体如图 3.3 所示。

总体上，央企总部聚集是北京总部经济的显著特征，这些央企总部企业资金实力雄厚，盈利能力强。近几年，北京民营总部企业数量有较快增长，占比达到 1/4，主要集中在租赁和商务服务业、信息传输业、计算机服务和软件业、制造业。在京外资及港澳台资总部企业中，港澳台资

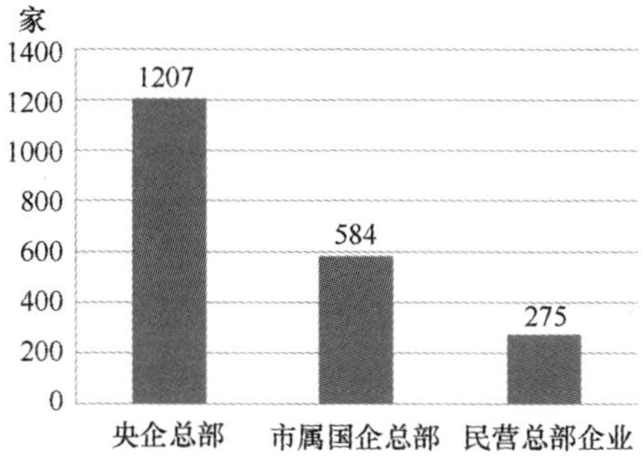

图 3.3　2013 年北京总部企业类型分布情况

总部企业 290 家，外商投资总部企业 541 家，其中，经认定的外资跨国公司在京地区总部企业 146 家，营业收入占全市总部企业的 5.6%。这些跨国公司从母国来源看，一半以上集中在欧盟、日本和美国等国家和地区，多以投资控股和协调管理为主。从落户地来看，外资及港澳台资总部企业首选朝阳区、海淀区、东城区、大兴区，具体如表 3.5 所示。

表 3.5　2013 年北京外资及港澳台资总部企业落户地分布情况

区县名称	外商投资（家）	港澳台商投资（家）	总　　计（家）
朝阳区	231	111	342
海淀区	88	55	143
东城区	48	33	81
大兴区	59	21	80
顺义区	27	22	49
西城区	26	17	43
昌平区	13	11	24
通州区	13	4	17
丰台区	12	3	15
石景山区	5	4	9
平谷区	6	3	9
怀柔区	7	1	8
房山区	3	2	5
延庆县	2	1	3
密云县	1	1	2
门头沟区	0	1	1
总计	541	290	831

数据来源：2013 年北京总部企业名录，北京市商务委员会。

如果将在京央企、其他国有企业、民营总部企业都归为内资企业，对北京内资、外资及港澳台资总部企业所处行业进行分析发现，3 种类型的总部企业在制造业，金融业，交通运输、仓储和邮政业，电力、热力、燃气及水生产和供应业 4 个行业相对集中，如表 3.6 所示。内资总部企业除上述 4 个行业外，在信息传输、软件和信息技术服务业，文化、体育和娱乐业，水利、环境和公共设施管理业等行业也较为集中。

表 3.6　2013 年北京不同类型企业总部的行业分布情况

登记注册类型	内资企业（家）	外商投资（家）	港澳台商投资（家）
批发和零售业	12	0	1
租赁和商务服务业	10	1	1
制造业	390	114	41
建筑业	26	5	1
信息传输、软件和信息技术服务业	371	10	15
金融业	586	118	46
科学研究和技术服务业	87	13	22
房地产业	32	11	13
交通运输、仓储和邮政业	257	75	36
文化、体育和娱乐业	290	60	16
住宿和餐饮业	230	11	22
电力、热力、燃气及水生产和供应业	408	100	56
水利、环境和公共设施管理业	307	20	14
农、林、牧、渔业	21	1	1
教育	4	0	2
采矿业	9	1	3
居民服务、修理和其他服务业	5	0	0
卫生和社会工作	60	1	0
公共管理、社会保障和社会组织	1	0	0
总计	3106	541	290

数据来源：2013 年北京总部企业名录，北京市商务委员会。

4．七成总部企业成立时间在十年以上

2013 年 6 月，国家工商总局发布的《全国内资企业生存时间分析报告》显示，企业成立后 3～7 年为退出市场高发期，即企业生存的“瓶颈

期”。北京总部企业中，有 70%成立时间在 10 年以上，企业的抗风险能力较强，发展较为稳定[①]。北京总部企业成立时间的分布状况如表 3.7 所示，从表中可以看出，成立时间 10 年以下的企业有 1157 家，占企业总数的 29.39%；11～20 年的企业有 1740 家，占企业总数的 44.2%；21～30 年的企业有 699 家，占企业总数的 17.75%；31～40 年的企业有 192 家，占企业总数的 4.88%；40 年以上的企业有 149 家，占企业总数的 3.78%。拥有 35 年以上历史的总部企业中有很大一部分为国有企业，其中不乏百年历史的总部企业，如中国银行、首钢总公司、商务印书馆等。

表 3.7 2013 年北京总部企业成立时间分布情况

成立时间	企业数（家）	百分比
0～10 年	1157	29.39%
11～20 年	1740	44.20%
21～30 年	699	17.75%
31～40 年	192	4.88%
41～50 年	17	0.43%
51～60 年	55	1.40%
61～70 年	69	1.75%
70 年以上	8	0.20%
合计	3937	100.00%

数据来源：2013 年北京总部企业名录，北京市商务委员会。

5. 总部企业规模分化明显

北京总部企业内部分化明显。2013 年，营业收入排名前 100 的总部企业拥有资产 36.8 万亿元，占全部总部企业资产的 44.5%；实现营业收入 4.7 万亿元，占全部总部企业收入的 51.3%；实现利润总额近 1 万亿元，占全部总部企业的 54.8%。其中，有 8 家总部企业的收入超过千亿元。营业收入排名 1000 位以后的近 3000 家总部企业，单位数目占总部企业的 74.6%，拥有资产仅占全部总部企业资产的 25.8%，营业收入占 10.5%，利润总额占 20.8%；这些总部企业的户均资产 72.7 亿元，不足

① 来源于北京市统计局《总部经济发展特点及影响力分析》报告。

前 100 强企业的 2%；生产效率相对偏低，资产收益率为 4.5%，比前 100 强企业低 8.2 个百分点；资产利润率为 1.8%，低 0.9 个百分点。

（三）北京总部经济的国内比较

北京市社会科学院赵弘研究员采用 IMD 国际竞争力指数评价方法，对 2013 年全国 35 个主要城市总部经济发展能力进行了分析，北京和上海总部经济发展综合实力分列第一、第二，接下来为广州、深圳、杭州、南京、天津，具体如图 3.4 所示（仅列出前十名城市）。

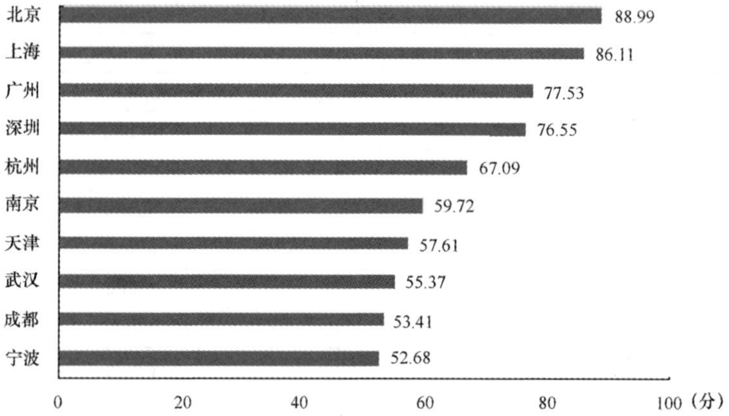

图 3.4　2013 年部分城市总部经济发展能力综合得分情况

具体来看，北京、上海、广州和深圳在各分项评价指标中均远高于 35 个城市的平均水平，其得分及排名如表 3.8 所示。其中，北京在评价分项中的基础条件、商务设施、研发能力、专业服务方面位列第一，但在政府服务方面得分略低，位列第三。总体而言，北京总部资源优势明显高于其他城市。凭借优良的商务环境、科技创新氛围及较高的开放程度等优势，北京总部经济实力一直位居全国之首。

上海在各分项中表现也较为突出，均列前三，发展均衡。其中，政府服务总体水平高，得分 91.11 分，位居第一。作为“长三角”城市群的核心城市，上海拥有发达的交通网络和现代化港口，区位优势明显，在吸引总部企业特别是外资总部企业及其职能机构方面具有突出优势。

表 3.8　2013 年北京总部经济发展能力的对比情况

城市	综合实力		分项指标											
			基础条件		商务设施		研发能力		专业服务		政府服务		开放程度	
	得分（分）	排名（位）	得分（分）	排名（位）	得分（分）	排名（位）	得分（分）	排名（位）	得分（分）	排名（位）	得分（分）	排名（位）	得分（分）	排名（位）
北京	88.99	1	84.33	1	95.94	1	87.57	1	99.98	1	85.56	3	84.71	2
上海	86.11	2	80.96	2	95.08	2	82.11	2	94.82	2	91.11	1	83.34	3
广州	77.53	3	77.04	4	88.99	3	64.19	6	79.56	3	90.91	2	77.22	4
深圳	76.55	4	79.37	3	58.39	9	75.98	3	72.23	4	82.77	4	86.98	1

数据来源：赵弘主编《中国总部经济发展报告（2013—2014）》，社会科学文献出版社，2014 年。

广州总部经济发展能力得分位居全国第三，除研发能力排名第六外，基础条件、商务设施、研发能力、专业服务和开放程度等指标均在全国前四位，研发能力相对不足是广州总部经济的短板。广州地处广东省及“珠三角”地区中心，拥有较高的经济实力和区域开放度，总部经济呈稳步发展态势。

深圳近年来通过多项措施大力扶持总部经济发展，通过加大招商力度和优化商务及生活环境，总部经济实力得到巩固。2014 年，深圳总部经济发展能力综合得分 76.55 分，位居全国第四位。在细分指标上，发展不太均衡，商务设施得分较低，位列全国第九，开放程度得分 86.98 分，排名全国第一，其他指标均在前四位。作为亚太地区重要交通枢纽，深圳一直吸引着众多海内外企业总部落户于此。

（四）北京世界 500 强企业的变化情况

近年来，北京总体经济实力不断增强，参与国际化竞争的能力和水平也不断提高，特别是随着投资促进机制的完善、发展环境的进一步优化，总部企业集聚成为北京经济发展的重要支撑。根据《财富》统计，2014 年在世界 500 强企业排行榜中，中国上榜的公司总数已经达到 100 家，其中北京有 52 家，继 2013 年后，再次超越东京，成为全球拥有 500 强企业总部最多的城市，显示了北京较强的国际地位和国际竞争力，如图 3.5 所示。

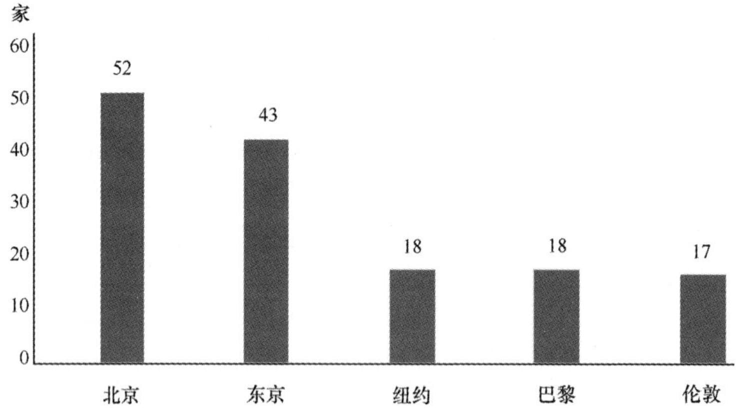

图 3.5　2014 年世界主要城市拥有世界 500 强企业总部数量

近四年来，北京与国内外主要城市拥有世界 500 强企业总部数量变化趋势如表 3.9 所示。过去四年以来，北京拥有世界 500 强企业总部数量由 2011 年的 41 家增加到了 2014 年的 52 家，东京、纽约、巴黎和中国台北拥有的世界 500 强企业总部数量都略有下降，伦敦、中国香港等公认的城市均比较稳定地入驻有一定数量的世界 500 强企业总部。上海、天津、深圳、广州等我国知名城市所入驻的世界 500 强企业总部数量也保持稳定增加的趋势，2013 年和 2014 年变化情况对比如图 3.6 所示。

表 3.9　2011—2014 年国内外主要城市拥有世界 500 强企业总部数量

单位：家

年份	北京	东京	纽约	巴黎	伦敦	香港	台北	上海	天津	深圳	广州
2011 年	41	49	19	23	18	4	4	5	0	2	1
2012 年	44	50	20	19	17	4	4	6	1	3	1
2013 年	48	47	19	19	17	4	4	8	1	4	2
2014 年	52	43	18	18	17	4	3	8	2	4	2

数据来源：根据财富中文榜的相关数据整理得出，http://www.fortunechina.com。

与其他世界城市相比，北京总部企业跨国指数偏低，国际竞争力相对不足。北京拥有的总部企业以国内企业为主，具有较强影响力的跨国公司地区总部较少，与纽约、伦敦、东京、巴黎等差距较大。近年来，北京虽有一些总部企业积极“走出去”跨国经营，但多数总部企业的主要目标市场仍在国内，尚未真正在全球范围内进行资源配置，跨国经营领域和经营能力亟待提高。

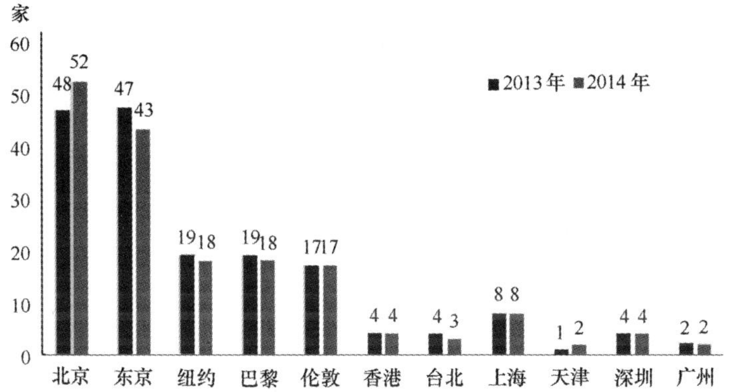

图 3.6 国内外主要城市拥有世界 500 强企业总部数量 2013—2014 年对比

综上所述，可以看出，北京是我国目前最具发展实力的总部经济城市，已成为大型跨国公司集聚之地，竞争优势日益明显。北京总部经济对于区域经济发展起到了积极的促进作用，不仅有利于突破城市“瓶颈”，形成新的经济增长点， 而且还极大地推动了周边区域的经济发展。在发展总部经济的过程中，北京除了要发挥自身独特竞争优势，吸引、集聚更多的经济资源之外，还须按照优势互补、发挥整体优势的原则，加强与京津冀、环渤海乃至全国其他区域的交流与合作，促进企业总部聚集与产业的融合联动发展。

二、北京高技术及文化创意总部企业的现状分析

北京市在建设创新型国家过程中起着重要的支撑作用，在推进国家工业化、城市化进程中发挥着引领作用，在建设社会主义文化强国中发挥着示范作用。从首都城市发展的阶段性特征看，经过改革开放 30 多年的发展，北京“文化经济方兴未艾”，第三产业比重超过 3/4，消费总量连续多年居全国大城市之首。因而，为了充分发挥北京资源禀赋、比较优势，2012 年 6 月 29 日，北京市第十一次党代会报告提出，到 2020 年率先形成文化创新、科技创新“双轮驱动”发展格局，初步建成有世界

影响力的科技文化创新之城。

“双轮驱动”战略下的北京产业结构亟需快速转型升级，高技术产业和文化创意产业成为北京产业发展的重点，越来越多的高技术总部企业和文化创意总部企业开始在北京注册运营，为北京总部经济注入了新鲜血液，奠定了未来高端引领、创新驱动的发展路径。

（一）高技术及文化创意总部企业的认定

1. 高技术产业总部企业的认定

我国对高技术产业的认定标准随着高新技术的发展而不断更新。科技部2008年颁布的《高新技术企业认定管理办法》中，将电子信息技术、生物与新医药技术、航空航天技术、新材料技术、高技术服务业、新能源及节能技术、资源与环境技术和高新技术改造传统产业共八大类行业中的企业认定为高新技术企业。

在2013年国家高技术产业（制造业）统计分类标准中，高技术产业（制造业）是指国民经济行业中研发投入强度（研发经费支出占主营业务收入的比重）相对较高的制造业行业，包括：医药制造，航空、航天器及设备制造，电子及通信设备制造，计算机及办公设备制造，医疗仪器设备及仪器仪表制造，信息化学品制造六大类。在2013年国家高技术产业（服务业）分类（试行）的统计标准中，高技术服务业是采用高技术手段为社会提供服务活动的集合，包括信息服务、电子商务服务、检验检测服务、专业技术服务业中的高技术服务、研发设计服务、科技成果转化服务、知识产权及相关法律服务、环境监测及治理服务和其他高技术服务九大类。

目前，在北京市使用的国民经济行业分类及统计标准中，上述的高技术行业主要分布在制造业，信息传输、软件和信息技术服务业，科学研究和技术服务业三大类行业中。制造业主要包括13～43大类，范围较广；信息传输、软件和信息技术服务业主要包括63～65类，即电信、广播电视和卫星传输服务，互联网和相关服务，软件和信息技术服务业；

科学研究和技术服务业主要包括 73～75 大类，第 73 类是指为了增加以及运用知识创造新的应用，所进行针对新发现、新理论、新技术等进行的系统的创造性活动；第 74 类是专业技术服务业，主要指通过专业手段所提供的气象服务、地震服务、海洋服务、测绘服务、质检服务、环境生态监测、地质勘查、工程服务和其他专业技术服务业等；第 75 类是科技推广和应用服务业，是指将新技术、新产品、新工艺推向市场而进行的相关技术服务和推广活动。本报告根据 2013 年国家统计标准的高技术产业（服务业和制造业）界定标准，结合北京市商务委员会目前的统计数据，对北京市高技术产业总部企业进行了界定，同时进行了相关分析。

2. 文化创意总部企业的认定

根据北京市目前使用的国民经济分类统计标准，文化、体育和娱乐业主要包括 85～89 大类，第 85 类为新闻和出版业，第 86 类为广播、电视、电影和影视录制作业，第 87 类包括文化艺术业，第 88 类为体育业，第 89 类为娱乐业，归属于该类别的总部企业可以被认定为文化创意类总部企业。

（二）北京高技术及文化创意类总部经济现状

1. 北京高技术类总部企业的现状

（1）行业分布

根据北京市商务委员会 2013 年对总部企业的认定统计，共有 545 个制造业总部企业分布于北京市各区县之内，属于上述六大行业的高科技制造业企业约 163 家，占比约 30%；归属于信息传输、软件和信息技术服务业的总部企业 368 个；归属于科学研究和技术服务业的总部企业 341 个。因此，可基本认定高技术总部企业共 872 家，其中，高技术服务业总部企业达到 709 家，占比 81.3%，成为北京高技术总部经济的主要发展方向。

（2）区域分布

表 3.10 所示为 2013 年北京高技术总部企业的区域分布。

表 3.10　2013 年北京高技术总部企业的区域分布

单位：家

区　　域	制 造 业	信息传输、软件和信息技术服务业	科学研究和技术服务业
昌平区	47（12）①	8	20
朝阳区	65（20）	46	64
大兴区	102（33）	17	15
东城区	7（3）	16	14
房山区	22（4）	1	0
丰台区	65（11）	16	42
海淀区	116（60）	233	128
怀柔区	20（7）	0	2
门头沟区	5（1）	0	1
密云县	8（1）	0	0
平谷区	8（1）	0	0
石景山区	16（6）	10	5
西城区	11（4）	21	46
延庆县	8（5）	0	0
通州区	27（4）	0	1
顺义区	40（7）	0	3

资料来源：北京市商务委员会 2013 年北京总部企业名录。

从表 3.10 中可以看出，北京大部分高技术总部企业注册地在海淀区。北京 368 家信息传输、软件和信息技术服务业总部企业中有 233 家注册在海淀区，占该类企业总数的 63.3%；341 家科学研究和技术服务业总部企业有 128 家注册在海淀区，占该类企业总数的 37.5%；制造业有约 1/3 注册在海淀区，使得海淀区成为名副其实的高技术总部企业集聚地。

另一个高技术总部企业集聚区是朝阳区，约有 20 家高技术制造业总部企业，46 家信息传输、软件和信息技术服务业总部企业和 64 家科学研究和技术服务业总部企业注册在朝阳区，使得朝阳区成为第二个高技术总部企业集聚地。

---

① 47 是分布在昌平区的制造业总部企业数，（12）是指可以被认定为高技术总部企业数，以下各区县数字均为同样含义。

入驻丰台区总部基地的总部企业中，约有11家高技术制造业总部企业、16家信息传输、软件和信息技术服务业总部企业和42家科学研究和技术服务业总部企业。西城区和东城区较小的城区面积限制了大规模制造业的入驻，因此，这两个区的信息传输、软件和信息技术服务业总部企业、科学研究和技术服务业总部企业较多，高技术制造业总部企业较少。

与中心城区相比，在北京郊县注册的高技术总部企业主要是制造业，服务业相对较少。

（3）登记注册类型

表3.11所示为2013年北京高技术总部企业的主要注册类型。

表3.11　2013年北京高技术总部企业的主要注册类型

单位：家

注册类型	制　造　业	信息传输、软件和信息技术服务业	科学研究和技术服务业
国有企业	19（2）[①]	6	67
国有独资公司	9（3）	8	42
其他有限责任公司	203（46）	119	138
股份有限公司	113（53）	72	43
私营有限责任公司	29（7）	40	12
私营股份有限公司	12（7）	12	4
港澳台独资经营	15（5）	25	9
其他港澳台合资方式	20（6）	11	10
外资企业	48（25）	60	14
中外合资企业	54（21）	13	3

资料来源：北京市商务委员会2013年北京总部企业名录。

可以看出，高技术制造业，信息传输、软件和信息技术服务业中的大多数企业注册为其他股份责任公司和股份有限公司，其后依次是外资类企业、私营企业、港澳台企业，国有独资企业和国有企业占比最少。

① 19是注册为国有企业的制造业总部企业数，（2）是指可以被认定为高科技产业的总部企业数，以下各注册类型中的数字均为同样含义。

但在科学研究和技术服务业总部企业中国有企业比重较大。

高技术制造业总部企业中，股份制企业（其他有限责任公司、股份有限公司）共计99家，外资类企业（外资企业、中外合资企业）46家，约占比30%；私营企业（私营有限责任公司、私营股份有限公司）14家，港澳台企业11家，国有独资企业和国有企业只有5家。

信息传输、软件和信息技术服务业总部企业中，股份制企业共计191家，外资类企业73家，私营企业52家，港澳台企业36家，国有独资企业和国有企业只有14家。

科学研究和技术服务业股份制总部企业共计181家，国有独资企业和国有企业109家，外资类企业17家，私营企业16家，港澳台企业19家。

（4）经营情况

北京丰富的科技人才储备和充足的科研投入，为高技术总部企业开展研发活动创造了有利条件。这些总部企业虽然数目较少，但已成为各行业发展的重要动力。北京的制造业企业多分布于通信设备、计算机及其他电子设备制造业，通用、专用设备制造业，仪器仪表等行业，2012年，北京的制造业总部企业实现增加值1403.4亿元，占总部经济的16.2%，占全市制造业的56.4%。2012年北京研发总部实现增加值693.4亿元，占总部经济的8%，占全市科学研究、技术服务和地质勘察业的54.7%。

海淀区作为中关村科技园区核心区，在吸引IT总部、研发总部方面具有较明显优势，中关村海淀园区内聚集了以北京大学、清华大学、中国科学院等为代表的众多知名大学、科研院所、留学人员创业园、大学科技园和高新技术产业基地等，一批科技企业从这里走向世界，许多全球知名企业，如美国微软公司、法国电信公司、美国甲骨文公司、IBM等在海淀设立总部型分支机构或研发中心。2012年，海淀区总部企业实现增加值1317亿元，占全市总部经济增加值的15.2%。其中，IT总部企业实现增加值484.6亿元，占全市该行业总部经济的65.4%。

2. 北京文化创意总部企业的现状

截至 2013 年年底，北京共有 61 个文化创意类总部企业注册登记运行，其中包括部分国家级文化创意企业总部，如中国科技出版传媒集团有限公司、中国出版集团、中国对外文化集团公司、新华通信社、中国电影集团公司等。

（1）行业分布

北京文化创意总部企业的行业分布情况如表 3.12 所示。可以看出，大部分总部企业集中在新闻出版行业和广播电视电影行业，这两类总部企业占比达到 90%以上，而在文化艺术演出行业、体育、娱乐行业中只有零星的总部企业入驻。这种行业分布与北京在全国新闻出版、广播电视电影行业中占据绝对优势地位的状况十分相符，许多国家级企业都集中在北京。

表 3.12 文化创意总部企业的行业分布

行业大类	行业描述	企业数（家）	所占比重（%）
第 85 类	新闻和出版	33	54.1
第 86 类	广播电视电影	23	37.7
第 87 类	文化艺术	1	1.64
第 88 类	体育	3	4.92
第 89 类	娱乐	1	1.64

资料来源：北京市商务委 2013 年北京总部企业名录。

（2）区域分布

大部分新闻出版和广播电视电影制作公司的总部都集中在中心城区，其中，位于海淀区的文化创意类总部企业达 19 家，位于朝阳区的企业为 14 家，位于东城区的企业为 15 家，位于西城区的企业为 7 家，位于丰台区的企业有 2 家，有 2 家影视制作公司位于怀柔区，在平谷区和昌平区各有 1 家总部企业。

（3）注册类型

北京文化创意类总部企业的主要注册类型如表 3.13 所示，从中可以看出，目前，北京文化创意类总部企业主要是国有企业和国有独资公司，或者是国有企业出资形成的股份有限公司，而私营企业和外资进入该领域的较少。这与我国新闻出版业、影视业的开放政策有一定关系，由于行业限制较多、机会成本较高、经营范围和内容约束较大等原因，大型民营资本和外资总部企业的数量较少。

表 3.13 北京文化创意总部企业主要注册类型

注册类型	个数（家）	主要企业
国有企业	17	主要是大型的出版集团和电影电视公司，如中国出版集团、人民文学出版社、中国国际电视总公司、新华通信社等
国有独资公司	12	主要是行业出版社，如中国教育出版传媒集团有限公司、语文出版社有限公司、外语教学与研究出版社有限责任公司
其他有限责任公司	21	主要是影视公司和高校出版社，如清华大学出版社有限公司、央视风云传播有限公司等
股份有限公司	7	主要是由大集团入股成立的公司，如中国电影股份有限公司、保利文化集团股份有限
私营有限责任公司	2	两个影视公司
私营股份有限公司	1	影视公司
中外合资经营	1	健身俱乐部

资料来源：北京市商务委员会 2013 年北京总部企业名录。

（4）经营情况

北京的广播影视行业实力、新闻出版业产业规模居全国之首，北京的图书、音像、电子出版、网络出版单位占全国 40%以上，全国重点网站 90%集中在北京，作者著作权登记数约占全国的 50%，生产制作和出口的电影约占全国的 50%，是全球最大的中国文物艺术品交易中心和全国最大的传统工艺品交易集散地，2013 年举办各类艺术品拍卖会 260 场，成为世界四大中国文物艺术品交易中心之一。

为了充分利用自身的比较优势，北京 2005 年正式提出发展文化创意产业，将文化企业建设和文化产业发展放到了重要地位，制定了《北京市促进文化创意产业发展的若干政策》，认定了一批包括 CBD 国际传媒产业集聚区、798 艺术区等在内的文化创意产业集聚区，积极推动文化创意产业的发展。2013 年，北京文化创意产业企业总数达到 30 万家以上，规模以上企业 8000 余家，实现增加值 2406.7 亿元，占全市 GDP 比重达 12.3%。

（三）北京高技术及文化创意总部企业的使命

1. 引领北京经济结构转型升级的重要力量

为了应对经济结构转型升级的挑战，经过多年摸索，北京提出了大力发展以服务经济、总部经济、知识经济、绿色经济为特征的“首都经济”，以提升北京首都核心功能，并增强北京经济的辐射力，提升北京经济的发展质量，推动北京产业的转型升级。高技术产业、文化创意产业已成为北京今后重点发展的支柱产业的组成部分。

北京市在经济发展过程中，要在战略性新兴产业、文化创意产业等北京具有较强优势的产业领域中，培育一批跨国经营能力强，具有全球竞争力的总部企业；要尽量建立这些行业国际总部和高端资源的进入通道，使得企业总部成为北京高技术产业和文化创意产业发展的引领者，更要成为引领北京经济结构转型的重要力量，成功促进北京经济结构的转型发展。

2. 实现京津冀协同效应的关键着力点

京津冀地区的协同发展为北京经济发展和产业结构转型提出了新的挑战，也给予了新的发展机遇。北京的产业分布和发展不仅要考虑自身功能定位，还要考虑其在京津冀协同发展中的作用和战略影响。北京城市功能的新定位将使部分北京产业转移至其他邻近省区，留在北京的产业不仅要自身建立较为完整的产业链，还要和京津冀其他地区相关产业建立较为广泛和密切的联系，保证京津冀三地经济发展的可持续性和协调性。

京津冀地区是环渤海经济区发展的核心，但京津冀产业发展中仍存在区域壁垒严重、产业梯度差距大等一系列问题，而且随着我国各种生产要素价格的上升，传统成本比较优势已不复存在，京津冀区域发展动力不得不从要素驱动转向创新驱动。三地经济发展水平不同，产业梯度差明显，为京津冀三地产业链整合提供了很好基础。在三地产业链发展过程中，北京以其教育科技的集聚优势成为全国高技术产业发展龙头，它的高技术研发产业、文化创意产业的竞争力在全国居首，并保持着持续增长的态势。

高技术产业和文化创意产业总部企业的入驻将吸引更多相关产业的总部企业进入，产生良好的企业集聚效应。总部企业集聚建立了众多企业参与的立体关系网络，网络中企业相互依存、相互促进，形成一种独特的竞争优势。国内外研究表明，一个地区的产业集聚效应将对后来投资者形成显著的吸引力。高技术企业总部的集聚不仅能提升这些企业的效率和创新能力，而且提高了集聚地区对相关上下游行业的吸引力，有助于推动和形成高端的创新体系。

北京高技术和文化创意总部的集聚，可以充分发挥其在企业经营管理中的核心作用，充分发挥占领价值链高端的企业总部在打造跨区域价值链和产业链中的核心作用和其对上下游产业的辐射作用，加强跨区域产业转移和合作，创新产业链延伸和合作方式，建立以龙头企业为主体的开放创新平台，整合上下游产业资源和创新资源，打造全新的创新创业生态系统。鼓励知识产权、智力要素和技术要素等更高级的生产要素的参与，实现更多创新革命，提高整个相关产业生产技术和生产效率，加强产业关联效应，提高产业链相关产业的技术水平和创新能力；同时拓展总部企业发展空间，放大创新辐射功能，推动北京产业发展和京津冀三地产业和经济的协调发展。

3. 提升北京城市国际竞争力的内在驱动

北京总部企业的集聚化、低碳化特征日益明显。朝阳区国际化程度较高，有外商、港澳台投资总部企业 342 家；海淀区在吸引 IT 总部、研发总部方面优势明显，其中，IT 总部 233 家，研发总部 126 家；西城区是全市最大的金融总部聚集地，拥有金融总部企业 135 家；东城区以文化为特色，保利文化等 4 家企业进入文化 30 强企业；丰台区总部经济聚集特征逐步显现，拥有总部企业 252 家。全市总部企业多集中在高知识、高技术含量的产业领域，以及产业链条上的高端，资源能源利用相对高效，2013 年营业收入占全市比重的 66.8%，相应能源消费总量占全市企业能耗的 62%。

世界各国已经认识到高端制造业、高端服务业、文化和科技水平的发展是提升一国或地区经济竞争力的重要方式，未来企业的全球竞争优势主要来自制度创新和科技创新，北京也不例外。中国社科院发布的《全球城市竞争力报告》显示，2011—2012 年，北京城市竞争力位列第 55 位，比 2009—2010 年上升 5 位，成为亚洲城市中竞争力指数提升最快的城市。北京的城市竞争力居世界城市排名前列，主要得益于其生产性服务业的发展。目前，北京的产业结构开始出现高端化趋势，科技创新与文化创新双轮驱动的发展战略已取得初步成效。因此，北京要继续充分利用其全国文化中心和科技创新中心的优势，大力发展文化创意产业、高技术产业，提升北京的城市国际竞争力，使其成为中国甚至世界的现代服务业中心和高端制造业、高技术研发中心和文化创意中心。

三、北京总部经济的税源分析[①]

（一）北京总部企业概述及税源户情况

1. 总部企业有关概述

（1）总部企业的概念及界定

根据《北京市人民政府关于印发加快总部企业在京发展工作意见的通知》（京政发〔2013〕29 号），总部企业是指对其控股企业或分支机构拥有控制权或行使管理权的企业组织，并应同时具有以下特征。

① 根据北京市地税局杨志强于 2014 年 2 月编写的《北京总部经济的税源分析及对策》报告改编，编入时内容略有修改。

第一，在本市行政区域内注册，且具有法人资格。

第二，跨地区或跨境经营，且在京外至少拥有 1 个分（子）公司。

第三，符合下列条件标准之一：

①资产合计和营业收入均在 1 亿元以上（含 1 亿元）的企业。

②市发展总部经济工作部门联席会议及其办公室确定的其他符合北京产业发展方向的重点总部企业。

（2）总部企业的分类

按照总部管理或服务的区域不同，北京总部企业划分为跨国公司总部和其他总部两类[①]。按照企业纵向管理结构不同，总部企业分为一级总部和二级总部两类（本书重点针对一级总部企业进行分析）。为便于税收分析，本书按照性质类别将北京一级总部分为央企、市企、其他国企、民企、外资企业和其他企业共 6 类总部（以下分性质类别均为此 6 类）。

①在京中央企业总部（以下简称央企总部）。例如，国家电网公司、中国移动通信集团公司、中国银行股份有限公司等。

②市属国有企业总部（以下简称市企总部）。例如，首钢总公司、北京城建集团有限责任公司、北京市建筑设计研究院有限公司等。

③其他国企总部[②]。例如，北大方正集团有限公司、北京日报报业集团、北京菜市口百货股份有限公司等。

④民营企业总部（以下简称民企总部）。例如，北京百度网讯科技有限公司、新华联合冶金控股集团有限公司、北京东方园林股份有限公司等。

⑤外资企业总部（含港澳台资）（以下简称外企总部）。例如，三星

① 跨国公司总部又分为跨国公司地区总部、跨国公司亚太总部、跨国公司全球总部；其他总部又分为区域总部和全国总部。

② 其他国企总部是指非国务院国资委和市国资委履行出资人职责的国有性质的企业。

（中国）投资有限公司、西门子（中国）有限公司、一汽丰田汽车销售有限公司等。

⑥其他企业总部[①]。例如，北京小米科技有限责任公司、用友软件股份有限公司、泰康人寿保险股份有限公司等。

2. 总部企业税源户情况

截至 2012 年年底，北京共有各类一级总部 1533 家，占当年全市税源户总数的 0.14%。2008—2012 年北京总部税源户数量持续增长，由 784 户增加到 1533 户，年均增长 18.25%。

（1）分区域税源户情况

北京总部按区域户数集聚程度可分为 4 个级次。朝阳、海淀为第 I 级，共有 842 户，占全市的 54.9%，其中外企总部 91 户；西城、东城为第 II 级，共有 335 户，占全市的 21.9%，其中外企总部 13 户；丰台、顺义、开发区、昌平为第 III 级，共有 224 户，占全市的 14.6%，其中外企总部 12 户；其他 9 个区县为第 IV 级，共有 132 户，占全市的 8.6%，均没有外企总部（见图 3.7）。

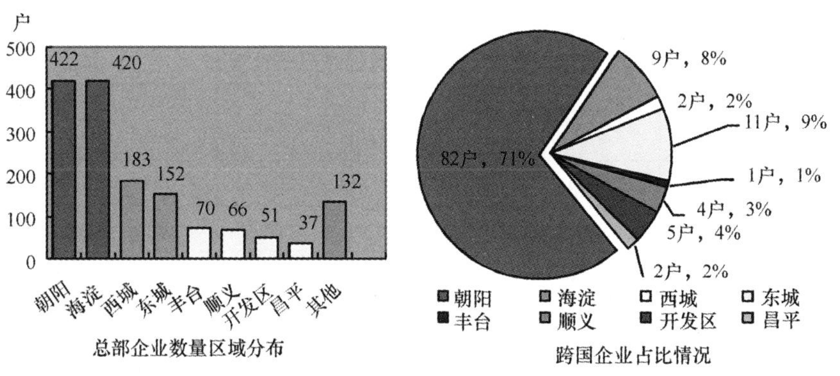

图 3.7　北京市总部企业分区域集聚情况

①I 级区借助区域特色优势成为总部集聚密集区，集聚效应明显。

① 其他企业总部的构成主要是非国企的股份合作、股份有限公司、集体、其他有限公司。

朝阳区依托丰富的涉外资源和浓厚的国际化氛围，吸引422户总部入驻，其中，外企总部82户，占全市外企总部总数的70.7%，外企总部集聚效应明显。海淀区借助高校科研院所及中关村主区优势，吸引420户总部入驻，其中，信息传输、计算机服务和软件业（以下简称信息计算机软件业）总部148户，占全市该行业总部数量的67.6%，并呈现出一定的民企总部规模和集聚效应。

②I、II级区依托首都独特政治区位，集聚大量央企总部及市企总部。I、II级区作为中央国家机关及市属机关办公区域，集聚256户央企总部和市企总部，占全市两类总部总数的85.9%。

③4个级区税源户增速存在一定差异。II级区较慢，IV级区最快。I级区集聚优势明显，总部税源户5年间增加461户，年均增长21.9%。II级区受发展空间、城区合并及产业固化等影响，总部税源户增速放缓，5年间增加92户，年均增长8.4%。III级区发挥各自优势，5年间增加114户，年均增长19.5%。IV级区借助空间优势，5年间增长82户，年均增长27.5%。各区县中，通州、石景山、大兴三区凭借靠近中心城区优势，借助城市规划发展机遇，5年间总部税源户增长迅速，年均增速分别为39.6%、38.4%、27.4%，如表3.14所示。

表3.14　北京市总部区域税源户增长情况

区县 \ 类型		2008年（户）	2012年（户）	增减数（户）	五年平均增速	较全市平均增速差
I级区	朝阳区	184	422	238	23.1%	4.81%
	海淀区	197	420	223	20.8%	2.58%
II级区	西城区	156	183	27	4.1%	−14.18%
	东城区	87	152	65	15.0%	−3.28%
III级区	丰台区	41	70	29	14.3%	−3.94%
	顺义区	27	66	39	25.0%	6.79%
	开发区	27	51	24	17.2%	−1.02%
	昌平区	15	37	22	25.3%	7.07%

（续表）

类型 区县		2008 年（户）	2012 年（户）	增减数（户）	五年平均增速	较全市平均增速差
IV 级区	大兴区	11	29	18	27.4%	9.17%
	石景山区	6	22	16	38.4%	20.13%
	通州区	5	19	14	39.6%	21.37%
	房山区	7	17	10	24.8%	6.58%
	平谷区	7	15	8	21.0%	2.74%
	怀柔区	5	13	8	27.0%	8.73%
	密云县	3	7	4	23.6%	5.34%
	门头沟区	4	6	2	10.7%	-7.58%
	延庆县	2	4	2	18.9%	0.67%
全市		784	1533	749	18.25%	

（2）分行业税源户情况

图 3.8 所示为总部企业分行业数量分布情况。

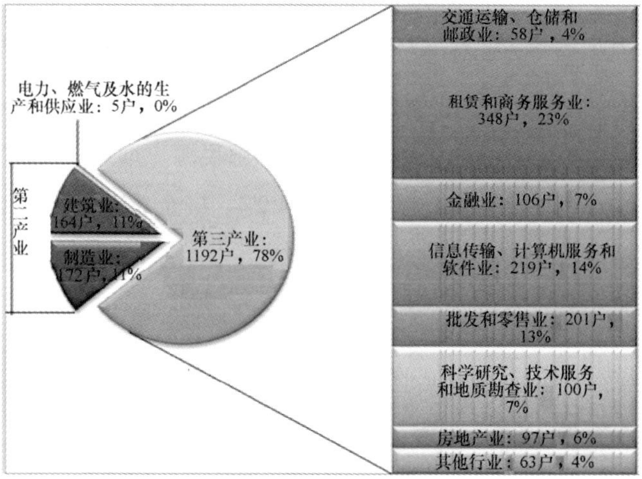

图 3.8 总部企业分行业数量分布情况

①第三产业总部的主导地位突出。北京总部企业分布在第二、三产业中，分别为 22%和 78%。排名前三的租赁和商务服务业（以下简称租赁商务服务业），信息传输、计算机服务和软件业（以下简称信息计算机

软件业)，批发和零售业（以下简称批发零售业）总部均为第三产业，合计占全市总部税源户数的50%，表明北京总部在商务服务、信息技术创新和商品营销集散方面具有优势。

②信息技术类总部税源户增速居各行业之首，进一步彰显北京创新驱动优势。5 年间信息计算机软件业总部数量年均增长 29.9%，超过全市行业平均增速 11.6 个百分点，涌现一批快速发展并陆续进入总部名单的企业，如乐视网信息技术（北京）股份有限公司、北京新东方教育科技（集团）有限公司、北京小米科技有限责任公司等。

③金融业总部数量变化不大。相比 2008 年仅增加 1 户，共有 106 户，占全市总部数量的 7%。其中，央企总部 30 户、外企总部 21 户、民企总部 4 户、其他企业总部 51 户。细分看，有 20 户银行、22 户证券公司、32 户保险公司、32 户其他企业。

（3）分企业性质税源户情况

2012 年，北京共有外企总部 503 户、央企总部 249 户、市企总部 49 户、其他国企总部 132 户、民企总部 197 户、其他企业总部 403 户，分别占全市总部的 32.8%、16.2%、3.2%、8.6%、12.9%、26.3%。

①民企总部、外企总部、其他企业总部税源户增速较快。3 类总部共增加 636 户，户数增长贡献率达到 84.9%。民企总部最具发展活力，5 年间平均增速达到 28.6%。

②国企类总部税源户增速慢于全市平均增速。5 年间央企总部增加 77 户，年均增速 9.7%；市企总部增加 14 户，年均增速 8.8%；其他国企总部增加 22 户，年均增速 4.7%。3 类国企总部税源户分别低于全市平均增速 8.6 个、9.5 个、13.6 个百分点。

（4）总部企业税源户持续经营及税源流失情况

2008—2012 年，北京共有 1718[①]户企业进入过总部名单。有 4 户企

① 1718 户为在 2008 年 784 户基础上并截至 2012 年每年加入的总部企业，剔除重复企业后的数量。

业总部5年间在北京市地税局未发生过税收入库，其他1714户企业的持续经营与流失情况如下。

①总部企业持续经营情况。截至2012年年底，共有1696户总部正常经营。其中，自2008年以来持续经营的总部有1601户，2009—2012年每年新入驻并持续经营的总部分别为34户、32户、21户、8户，如表3.15所示。

表3.15　2008—2012年总部企业持续经营情况

单位：户

年　度	企业户数	持续经营时间	流失户数
2008年	1601	5年	0
2009年	34	4年	0
2010年	32	3年	0
2011年	21	2年	6
2012年	8	1年	0
合　计	1696		6

②总部企业税源户流失情况。2008—2012年累计出现税源流失户6户，且6户企业流失时间均为2011年。总体分析，5年间总部税源流失数量仅占全市总数的0.35%，税源流失较少，表明北京对总部企业的管理服务工作比较到位，总部经济基础较好。

（二）北京总部企业税收贡献及比较分析

1．北京总部企业税收入库贡献分析

2012年，北京总部企业共实现3个级次税收收入3549.1亿元，占全市税收收入的38.6%。其中，中央级收入2980.5亿元，市级收入308.8亿元，区（县）级收入259.8亿元。5年间总部企业税收入库逐年递增，中央、市、区（县）级收入年均增速分别为19.2%、16.2%、21%，如表3.16所示。

表 3.16　2008—2012 年北京总部企业税收入库情况

单位：亿元

年度 税收	2008 年	2009 年	2010 年	2011 年	2012 年
入库总计	1766.3	2328.9	2042.1	2583.7	3549.1
中央级收入	1475.7	2037.4	1693.4	2110.4	2980.5
市级收入	169.2	167.6	198.6	254.0	308.8
区（县）级收入	121.4	123.9	150.1	219.3	259.8
地方级收入	290.6	291.5	348.7	473.3	568.6

（1）分行业税收贡献分析

2012 年，金融业、信息计算机软件业、批发零售业总部税收位居各行业总部税收前 3 位，合计税收占全市税收收入的 33.8%，分别实现税收收入 2757.7 亿元、201.3 亿元、154.3 亿元，分别占全市总部企业税收的 77.7%、5.7%、4.3%，分别占所属行业税收的 79.2%、53.2%、10.4%，如表 3.17 所示。

表 3.17　2008—2012 年分行业税收增速统计表

单位：亿元

行业	2008 年	2012 年	平均增长率	较全市平均增速差
信息传输、计算机服务和软件业	39.2	201.3	50.5%	31.4%
科学研究、技术服务和地质勘查业	7.6	28.4	38.8%	19.7%
租赁和商务服务业	46.6	113.0	24.8%	5.8%
其他行业	10.1	23.6	23.6%	4.6%
建筑业	11.3	24.4	21.2%	2.2%
金融业	1343.7	2757.7	19.7%	0.6%
制造业	56.7	113.2	18.9%	−0.2%
批发和零售业	111.6	154.3	8.4%	−10.6%
房地产业	23.0	29.0	6.0%	−13.1%
电力、燃气及水的生产和供应业	66.9	80.9	4.9%	−14.2%
交通运输、仓储和邮政业	49.6	23.4	−17.2%	−36.2%
合计	1766.3	3549.1	19.1%	0.0%

从5年间增速变化看，一是信息计算机软件业，科学研究、技术服务和地质勘查业（以下简称科研技服地勘业），租赁税务服务业总部税收快速增长，年均增速分别为50.5%、38.8%、24.8%。二是电力、燃气及水的生产和供应业，房地产业总部税收保持增长，但增速分别低于全部行业平均增速14.2个和13.1个百分点。三是交通运输、仓储和邮政业总部税收出现减速，平均减速17.2%。综上分析，第三产业总部企业是北京税收主要贡献力量，金融业和信息计算机软件业是总部企业税收增长的主要带动行业。

（2）分企业性质地方级税收①贡献分析（受数据来源所限，仅基于北京市地税局征收数据分析）

2012年，市地税局征收北京总部企业地方级税收309.5亿元。从总量来看，外企总部和央企总部税收合计204.1亿元，占全市总部企业地方级税收的66%。民企总部、市企总部税收分别占全市总部企业地方级税收6.5%和5.2%。从增速来看，民企总部和外企总部税收增长最快，年均增速分别为44.2%和31.3%。综合总量和增速分析，外企总部对于北京地方级税收贡献最大，民企总部税收总量占比虽小却最具成长性，如表3.18所示。

表3.18　2012年分企业性质总部地税地方级入库及占比情况

单位：亿元

	央企	外企	市企	其他国企	民企	其他企业
入库	99.9	104.2	16.2	20.4	20.0	48.9
占百分比	32.3%	33.7%	5.2%	6.6%	6.5%	15.8%

2. 北京总部企业税收贡献分析

（1）总部企业百元营业收入地方级税收贡献分析

①分行业百元营业收入地方级税收贡献分析。从各行业总部百元营业收入所含税收看，除房地产业外，信息计算机软件业和金融业每

① 地方级税收包含市级和区（县）局税收收入，未包括地方教育附加费收入。

百元营业收入所含地方税收较高，分别为 6.5 元和 4.2 元。其中，金融业总部营业收入 4255.8 亿元，整体税收贡献最大，如表 3.19 所示。

表 3.19 2012 年北京总部企业分行业营业收入所含地方税收统计表

行　业	地方级入库税款（万元）	营业收入（万元）	百元营业收入所含税收（元）
房地产业	21.5	238.5	9.0
信息传输、计算机服务和软件业	95.4	1477.3	6.5
金融业	179.2	4255.8	4.2
租赁和商务服务业	71.7	2957.6	2.4
制造业	42.2	2021.8	2.1
科学研究、技术服务和地质勘查业	17.0	803.6	2.1
电力、燃气及水的生产和供应业	34.6	1720.0	2.0
建筑业	18.1	1511.7	1.2
其他行业	12.3	1015.2	1.2
批发和零售业	62.1	7128.6	0.9
交通运输、仓储和邮政业	14.5	1544.2	0.9
合　计	568.6	24674.3	2.30

②分企业性质百元营业收入税收贡献分析（受数据来源所限，仅基于北京市地税局征收数据分析）。2012 年各类总部每百元营业收入所含地方级税收依次为：民企总部 2.1 元，其他企业总部 1.7 元，市企总部 1.7 元，其他国企总部 1.5 元，外企总部 1.2 元，央企总部 1 元。综上税收贡献指标，民企总部最高，进一步说明民企总部是北京税源重要增长潜力点。

（2）总部企业户数与地方级税收弹性分析

五年分行业总部户数与税收平均增长率的弹性分析如下。一是金融业总部的弹性最大，达到 65.9，根本原因在于行业本身“户大户少”的特点，同时也在一定程度上说明金融业税源户质量及税收“含金量”较高，每增减一户对金融业地方及税收影响很大。二是租赁商务服务业、科研技术服务地勘业、信息计算机软件业的弹性系数大于 1，表明这些行业总部相对敏感，每增加一户会较好带动地方级税收增长。三是房地产业、批发零售业总部的敏感度较低，增加或减少一户企业对地方税收影响较小，如表 3.20 所示。

表 3.20　2008—2012 年北京总部企业分行业户数与地方税收平均增长弹性分析表

行业名称＼类型	地方税收平均增长率	户数平均增长率	弹性系数
金融业	15.6%	0.2%	65.9
租赁和商务服务业	28.3%	15.6%	1.8
科学研究、技术服务和地质勘查业	39.3%	21.4%	1.8
信息传输、计算机服务和软件业	51.3%	29.9%	1.7
制造业	22.2%	23.9%	0.9
电力、燃气及水的生产和供应业	5.2%	5.7%	0.9
其他行业	22.6%	24.8%	0.9
建筑业	17.4%	23.7%	0.7
批发和零售业	9.3%	17.3%	0.5
房地产业	11.8%	21.9%	0.5
交通运输、仓储和邮政业	−9.8%	11.2%	−0.9

（3）总部企业营业收入增长与地方级税收增长的分析

以 5 年地方级税收平均增长率 18.27%和营业收入平均增长率 14.87%为参考坐标线，将坐标分为 4 个区，形成二者增长聚类分析图，如图 3.9 所示，通过观察图 3.9 可得到如下结论。

①I 区双高增长区域。区内有信息计算机软件业、科研技术服务地勘业、租赁商务服务业三类总部。该区行业总部的特点如下：对经济和税收共具较高增长作用，税收与经济协同性较强，营业收入增长带动税收增长较大。

②II 区税收高增长区域。区内仅有制造业总部。该区行业总部的特点如下：营业收入增长带动税收增长较大，税收增长性较好，但对经济增长的协同性应加强。

③III 区营业收入高增长区域。区内有房地产业、建筑业、交通运输

邮政和仓储业、电力燃气及水的生产和供应业四类总部。该区行业总部的特点如下：对经济增长作用较大，营业收入增长带动税收增长较小，税收增长性较差，对税收增长的协同性应加强。

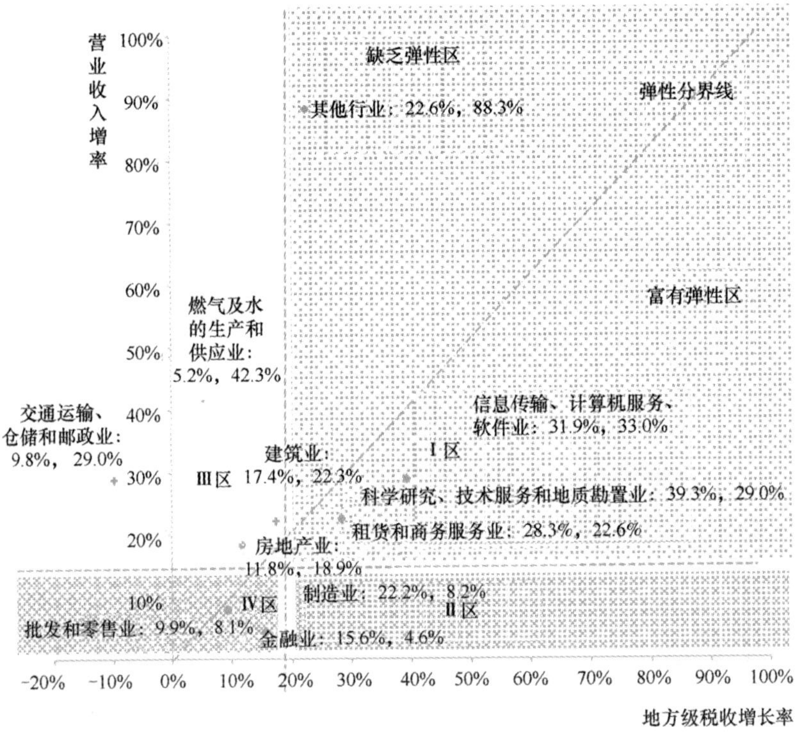

图 3.9　总部企业营业收入增长与地方级税收增长分析

④IV 区双低增长区域。区内有批发零售业、金融业两类总部。该区行业总部的特点如下：对经济和税收增长作用均偏低，尤其是批发零售业总部营业收入增长与税收增长弹性接近 1，须针对性加强产业发展研究应对。需要指出的是，金融业虽在 IV 区但十分接近 II 区税收高增长区域，且同时位于富有弹性区域，因此应有所区分。

3. 北京与外埠总部经济税源有关比较分析

（1）六城市总部经济发展情况

北京市社科院研究表明，北京、上海、深圳、广州、杭州、天津位于国内具有总部经济发展能力城市前 6 位。其中，北京和上海综合优势突出，分别拥有国内 500 强企业 109 户和 48 户，合计占全国的 31.4%，拥有世界 500 强在华地区总部和分支机构的 68%；深圳和广州以良好经济基础和开放程度，成为总部经济重要区域，其中广州拥有外企总部和国企总部分别为 31 户和 21 户。值得一提的是天津紧抓滨海新区开发开放，大力加快总部经济发展，成为新兴总部经济城市，已拥有国内 500 强企业和民企总部 30 家，外企总部 19 家，发展势头十分强劲。

（2）北京与上海总部经济有关比较

北京外资研发类总部、央企总部、世界 500 强总部数量均超过上海市，显示出北京占有首都区位和技术创新研发方面优势。上海的外资跨国公司地区总部、外资投资性总部、民企 500 强总部数量占优，表明上海较北京在国际化程度、对外开放度、市场活跃程度方面具有优势，如表 3.21 所示。

表 3.21　北京市、上海市总部经济有关数据对比表

单位：户

指标 城市	认定外资跨国公司地区总部	外资投资性总部	外资研发中心总部	央企总部及功能性机构	世界 500 强企业总部	民企 500 强总部
北京市	136	194	460	223	48	7
上海市	436	277	361	100	8	17

数据来源：《关于上海、深圳、广州等地总部经济有关情况的调研报告》，北京市商务委员会员会总部经济发展处蔡小军、郭海调研撰写，统计时间截至 2013 年 10 月底。

（3）北京与上海总部经济发展能力对比分析

通过对 2012 年全国 35 个主要城市总部经济发展能力分析，北京和上海总部经济发展综合实力分列第一位、第二位。其中，北京在分项指标的基础条件、商务设施、研发能力、专业服务方面位列第一，上海的政府服务、信息基础设施等优于北京。需要指出的是，北京环境质量分项排名明显靠后，仅得 38.2 分，列第 27 位，成为影响总部经济发展的短板，如表 3.22 所示。

表 3.22　北京市、上海市总部经济发展能力对比情况

城市	综合实力		分项指标											
			基础条件		商务设施		研发能力		专业服务		政府服务		开放程度	
	得分	排名	得分	排名	得分	排名	得分	排名	得分	排名	得分	排名	得分	排名
北京市	88.7	1	82.5	1	99.6	1	87.8	1	100	1	84.2	8	85.7	2
上海市	86.4	2	81.4	2	96.9	2	82.6	2	92.4	2	93.3	1	84.4	3

数据来源：赵弘主编.《中国总部经济发展报告（2012—2013）》，社会科学文献出版社，2012.

（4）我国北京与香港、新加坡总部经济发展的比较分析

我国香港地区和新加坡是亚洲有代表性的总部经济国际城市，两个城市具有低税率、贸易便利、国际人才及地理港口优势。特别是香港，借助自由贸易、资金和信息流通，逐步健全法律制度，不断完善金融体系，持续优化市场环境，自然形成了金融、贸易、航运等世界中心地位的总部型经济。新加坡在发展总部经济过程中形成了完善的扶持政策体系，政策指向精准，发展成效显著。相比香港和新加坡，北京具有广阔市场优势及独特自身优势，但在金融税务、政府服务、国际化程度、发展软环境尤其是差异化政策服务等方面还存在一定差距。

（三）北京总部经济税源建设评价及面临的问题

1．北京总部经济税源状况总体评价

（1）经济总量不断扩大，发展能力持续增强

北京总部经济快速发展，整体经济规模不断扩大。截至 2012 年年底，全市总部及其下属分支机构共实现增加值 8655.4 亿元，拥有资产 70.4 万亿元，实现收入 7.3 万亿元，实现利润 7915.6 亿元，总部企业以占全市 0.4%的单位数，实现了全市近六成的收入，创造了全市近一半的增加值和利润。北京市社科院的长期监测研究表明，北京是全国最具总部经

济发展实力的城市，总部经济综合发展能力连年位居全国首位，尤其在基础条件、商务设施、研发能力和专业服务等方面优势突出。

（2）税源基础相对稳固，税源结构更趋合理

北京总部经济中存量税源规模与增量税源数量均保持快速增长态势，全市经济中第三产业占 GDP 的比重达到了 76.4%，首都经济发展质量得到进一步提升。总部企业发展与北京经济产业结构高度一致，总部企业主要分布在第二产业和第三产业，2012 年全市第三产业总部企业 1191 家，占全市总部税源户的 77.7%。各类总部企业中，外企总部、民营企业总部的税源数量和税收收入快速增长，结构比例更趋均衡，进一步稳固了北京经济税源增长能力。

（3）税收规模持续增加，税收贡献相应提升

与北京总部企业的税源数量和经济规模增长一致，总部企业税收收入保持同步快速增长势头，且增速明显高于全市企业增速。从北京总部企业近 5 年的地方税收贡献看，所占全市税收比重呈现持续小幅增长势头，总部企业营业收入所含地方税收逐步增加，税收贡献相应提升。以 2012 年为例，北京一级总部企业以占全市 0.14%的税源户占比实现了全市近四成的税收收入。

（4）融合发展不断深化，促进作用逐步显现

北京总部企业涉及各主要行业，与首都经济社会综合发展不断融合，促进北京税收、消费、就业、产业升级、国际化进程及综合竞争力等不断提升。各行业总部经济税收增长情况及所占比重，与北京经济特点及发展方向一致，成为推动首都经济和城市建设优化升级的重要力量。尤其朝阳、海淀两区高端总部经济特征明显，符合北京区域功能规划思路，有利于增强首都可持续发展能力。

综上所述，北京总部企业大量集聚，总部经济总量规模大、税源质量好、综合贡献高，成为推动首都经济发展和优化城市建设的重要力量。

经济决定税源，税源决定税收。加强北京经济税源建设并促进首都可持续发展，必须抓住总部经济这个首都经济税源建设的大头，抓住总部经济这个首都可持续发展中的凸显点，抓住总部企业这个关联首都经济税源建设和城市可持续发展的“牛鼻子”。

2. 北京总部经济税源建设面临的问题

从国际来看，各国普遍加强了对总部经济发展的纵深控制，美国等采取措施引导资本和产业回流；从国内来看，中央先后出台了一系列区域经济创新发展政策，如上海自贸区、天津滨海新区、深圳前海等专区优先政策，很多城市也纷纷出台了吸引总部企业落户的政策，国内竞争加剧。北京市内各区县竞相给予总部企业落户财政返还奖励，也导致经济税收的无序竞争；一些核心区域企业集聚接近饱和，少数总部企业出现将部分职能和业务重心转移的现象。综上所述，北京总部经济税源建设面临着多层级、全方位的竞争加剧态势，需要在对发展总部经济的认识、总部经济发展能力和经济开放度、促进总部经济发展的部门协调联动、促进总部经济发展的规划统筹等方面加强工作，提升整体竞争力。

（四）加强北京总部经济税源建设的思考

1. 完善服务，持续增强北京总部经济发展能力

（1）加强对北京总部经济的规划统筹

一是围绕新时期首都城市战略定位、经济优化升级尤其是增强城市可持续发展能力，应进一步加强北京总部经济发展的规划统筹工作，积极研究全市总部经济的结构优化升级工作，做好总部企业“饱和区”产业承接转移工作，通过优化总部经济发展推动首都“转方式调结构”，通过“转方式调结构”增强首都全面、协调、可持续的发展能力。二是综合发挥市场、政策、资金、土地等综合作用，合理规划引导总部企业分区分类集聚，努力形成不同区域、不同功能、不同产业、不同特色而又互联互促的首都大总部发展格局。三是应继续完善城市基础设施建设，

下力气缓解环境、交通等发展压力，不断提升首都竞争实力。

（2）努力提升政府服务水平

一是不断强化政府服务职能，扎实抓好各项改革措施落实，精简各类审批事项，切实提高工作效率，通过加强制度建设和强化执法监督，努力形成透明、公正、高效的企业发展环境。二是积极了解总部企业的发展需求，进一步研究提供主动、及时、有针对性的服务措施。三是加强全市总部集聚区信息联通工作，通过政府主导，深化各总部集聚区的信息联通互动，促进资源共享并形成整体优势。

（3）不断提升北京经济开放水平

一是发挥总部经济辐射作用，积极融入京津同城化、京津冀一体化发展之中，在着力推动京津冀协同发展中不断拓展首都功能疏散空间并增强持续发展能力，努力形成区域经济综合发展的良性循环。二是加强与周边地区产业协调，研究将北京加工型产业、仓储物流，以及其他劳动密集型产业有序向津冀转移，加快区域产业协调联通发展，促进北京总部经济与周边区域产业相适应、相联系，努力形成有机整体。三是通过“总部-加工基地”等链条，将北京的人才、技术、资金等资源辐射到周边地区，带动区域经济整体健康发展。

（4）积极发挥政策服务作用

一是加大政策宣传力度，落实好《关于加快总部企业在京发展的工作意见》，加大挖掘首都资源优势和总部经济发展研究，努力形成具有北京特色的总部企业文化，不断扩大首都总部经济的影响力。二是根据不同类型总部企业的发展需求制定差异化财政倾斜、金融支持、人才引进等各种扶持政策，努力形成促进总部企业发展普遍化与个性化相结合的政策服务体系，增强总部企业在京落户吸引力。三是不断提升政策服务水平，积极借鉴新加坡的成功经验，形成针对、灵活、有效的总部经济发展计划，并在此基础上形成完善的政策配套措施。

2. 开源固基，不断夯实总部经济税源建设基础

（1）积极引进做大“总量”

一是应结合新时期首都城市战略定位、可持续发展要求并统筹经济税收贡献，大力发展金融、科技、信息等生产性服务业，积极吸引世界500强、国内500强企业，以及关系国计民生的重点总部企业来京发展，加大对控制权强的总部企业的引进，尤其加大对符合首都需求的民营和外资类高端总部企业的引进。二是在统筹首都可持续发展的基础上，应通过放宽准入和加大扶持，优化不同性质类型总部企业的结构，提升民营和外资类总部企业的规模实力，实现不同行业、不同需求高端总部企业的协同发展。三是努力服务国家创新体系建设，应加大引入大数据、云计算等创新科技企业力度，保持并增强对金融业、商务服务业等地方税收贡献较大类型总部的吸引力，规范提升批发零售、住宿餐饮、居民服务等生活服务类总部企业，搬迁、转移、取缔高耗能污染类企业，切实提升总部经济税源发展质量，促进首都产业发展与城市性质功能相协调、与人口资源环境的承载力相适应。

（2）加强扶持壮大“存量”

一是继续做大做强金融、科技创新、信息服务、商务服务等优势产业，大力发展文化、养老、健康等服务消费，进一步加大对外企总部在市场、人才和服务方面的支持，加强对民企总部在生产服务、资金补贴方面的扶持，积极提供企业发展壮大所需的土地、金融及落户、就医、就学等保障。二是应进一步研究完善科技创新型中小企业的支持方式，用好用足税收优惠政策，减轻中小企业的税收负担，帮助企业获取社会资金支持，重点关注并加大扶持高潜质中小企业逐渐成长为总部级企业。三是加强国际法律宣传。信息服务和权益保护工作，积极帮扶有条件的企业“走出去”，鼓励支持总部企业开展跨国经营，不断增强发展实力。四是积极关注经济发展动态，围绕国际国内的重大项目和重大科技成果，及时连接企业做好落地转化工作，不断夯实北京经济税源建设基础。

（3）积极维护经济税收权益

一是综合运用税收手段挖掘税源潜力，引导总部企业合理进行业务切分、机构重组和财务核算调整，推动企业集团核心业务向企业总部转移，实现财务集中与税收征管集中的契合。二是利用总部企业在企业集团中的管理与运营中心地位，开展总部企业税收风险管理，通过加强日常税务监管，掌握其重大经营决策、关联交易、合并重组等涉税事项，及时发现疑点并开展风险应对。三是研究建立总部企业事前、事中和事后的评估管理办法，综合多部门力量和举措，开展针对“空壳化”总部企业的应对工作，提升首都总部经济整体发展质量。

（4）不断提升经济税源建设质量

一是细化完善总部经济政策体系，提高财政资金扶持力度，加大对创新创业主体的扶持，促进技术创新和成果转化，增强内生动力并扩大北京科技创新企业驱动优势。二是研究税收政策促进经济可持续发展的建议，积极深化完善中关村税收政策，继续稳步推进“营改增”，树立经济税源涵养理念，服务北京总部经济持续发展壮大。三是加强对总部企业联系走访，在全市总部经济联席会议统筹下，建立有市领导参与的总部企业分级联系走访制度，深入了解企业的业务发展战略和潜在需求，研究提出融合发展的工作建议。

3. 深化改革，切实加强总部经济税源管理工作

（1）确立专业化管理理念

围绕提升税源管理质量、提升征管质效和现代化水平，对总部企业实施分级分类管理，依据总部企业的实际情况和不同特点，优化资源配置，合理分配职责，实施以分行业、分规模、分税种、分涉税事项管理等为重点的专业化管理模式，提升处理总部企业复杂涉税事务的能力和效率，弥补当前税收管理缺陷，达到加大管理力度和拓展管理深度的目的。

（2）建立扁平化管理机制

一是将总部企业、大企业和重点税源户的管理有效结合起来，成立专门管理机构，建立由北京市统计局领导直接负责的联动管理机制，切实通过优化管理工作破解当前制约总部企业税收管理的矛盾。二是提升总部企业复杂事项的管理层级，在税务登记、受理申报、税款入库级次和属地关系不变的前提下，由市局直属分局承担起低、中等级的风险应对和个性化服务职能，形成双重管理服务模式，提升总部企业的税收精细化管理服务水平。

（3）实施税收遵从风险管理

一是推进税收横向联动、纵向互动工作机制的运行，建立健全纳税服务、税收分析、风险监控、税种管理、税务稽查等一体化工作机制。二是利用总部企业遵从愿望和内控要求，将税收管理重心前移，建立风险管理信息平台，形成分级分类税收风险管理监控体系。三是加快实行电子发票步伐，积极发展税务指导，加强税务审计，加强税源监控，积极引导大企业健全风险控制机制，形成以风险为导向的税收征管工作体系，促进企业提高税收遵从。

（4）强化信息管税工作

一是积极稳妥做好“金税三期”连接工作，建立总部企业税收管理信息平台，认真做好总部企业组织结构、生产经营流程、财务核算、历史数据等信息收集工作，保证总部企业税收管理基础数据准确。二是实施税收数据专业化和标准化管理，加强对信息数据的分析应用，不断提升对总部企业税收遵从和税收风险的评价能力，促进总部企业税收信息数据共享，强化跨机构、跨区域税务机关间税收管理工作协作，不断提升管理质量和效益。

（5）深化税务服务工作

一是区分企业性质、等级和行业建立若干税务指导组，对总部企业进行主动式、跟进式服务，围绕总部企业发展需求，进一步深化纳税服务工作。二是积极构建税企网络沟通平台，建立总部企业涉税事项快速通道，不断提升涉税服务工作水平，积极满足企业税收服务需求。三是切实保护企业合法权益，积极完善企业信用体系建设，研究建立重大税收管理措施出台和执行中征求意见制度，有针对性地对总部企业开展税收告知、解读和咨询工作。

（6）加强税务稽查工作

一是围绕实现“稽查机构扁平化、稽查手段现代化、稽查队伍专业化”，推进稽查体制机制改革。二是在风险分析评估基础上，依法查处税收违法案件，开展好税收专项检查和专项整治工作，通过加大稽查执法力度切实发挥稽查效能，促进税收管理水平的提升。三是认真做好完善国际税收管理体系有关工作，加大反避税行业联查和跨区域联查力度，依据国际税收规则积极维护税收权益。

4．加强协作，努力形成首都经济税收保障体系

（1）强化工作协调联动

进一步完善北京发展总部经济工作部门联席会议制度，加强各部门统筹协调，细化参与主体工作职能和责任，加大对有关政策的研究统筹，加大政策的应对执行效力，努力形成协同高效的工作合力。

（2）建立信息共享平台

当前政府间企业信息共享不够畅通，极大地制约了北京总部经济发展和税源建设。因此，应在市政府统一领导下，建立北京总部经济发展综合服务信息平台，汇集共享北京总部企业发展各类信息数据，切实提升综合分析水平，增强服务总部企业发展和优化首都城市建设的针对性、实效性。

（3）加强综合发展评估

建议以北京市商委、统计、税务、财政、规划、人保等多部门为参

与主体，开展北京总部经济发展综合评估工作，形成涵盖企业认定、经营监测、政策落实、税收分析，以及工作实效的综合评估工作体系，加强全市总部经济发展情况交流，并每半年提出北京总部经济发展报告。

（4）加强总部经济税源分析

加大北京总部经济工作研究，设立总部企业专项税收数据指标，积极协调有关部门做好总部企业税收监测。牢固树立大局意识，积极向北京市政府有关部门提供总部经济税收情况，注重形成动态工作机制，切实掌握北京总部经济的税源税收底数。

（5）制定北京税收工作保障办法。

目前，全国已有山东、江苏、湖北、湖南、重庆、宁夏等地制定了税收保障性法规或政府规章。2013 年 8 月，福建省政府常务会议通过了《福建省税收保障办法》，规定县级以上人民政府应加强税收保障工作领导，将税收保障工作纳入政府绩效考核体系，建立由政府主导、税务机关和有关部门组成的税收协调保障机制，乡（镇）人民政府、街道办也相应建立税收协助工作机制，尤其是明确了政府各部门和单位提供涉税信息的义务和责任。建议北京借鉴福建等地经验，尽快研究制定北京税收工作保障办法，完善税务、工商、国土、住建委、质监、银行等部门的信息共享机制，促进北京进一步提升税源建设水平。

第四章　北京总部经济集聚区

2013 年 6 月 1 日，为全面落实北京市第十一次党代会精神，发挥首都优势，加快培育和打造一批总部经济和商务服务业集聚区，打造世界高端企业总部聚集之都，在推进“六高四新”高端产业功能区建设中，北京市商务委员会员会分别授予中央商务区（CBD）、中关村海淀科技园等 8 个园区“北京市总部经济集聚区”称号，授予北京雁栖经济开发区、北京密云生态商务区等 4 个园区“北京总部经济发展新区”称号。从主要指标来看，初步统计，授予 “北京市总部经济集聚区”称号的 8 个园区，2013 年共有规模以上入驻企业 1.7 万家，占全市总部企业数量的 65%左右，较上年度增加 4 个百分点；授予 “北京市总部经济发展新区”称号的 4 个园区均位于城市发展新区和生态涵养发展区，具有明确规划和发展总部经济的产业定位。全市总部企业初步形成集聚发展态势。本章以总部经济集聚区（发展新区）为单元，通过梳理与总结，全面呈现北京总部经济的集聚情况。

第一部分　总部经济集聚区

一、北京商务中心区

（一）总部经济集聚区基本情况

作为首都六大高端产业功能区之一，北京 CBD 经过 10 多年的建设发展，产业形态、空间形态初具规模，现代商务功能日益完备，国际影响力逐年提升，与中关村科技园区、西城金融街等形成空间呼应、功能互补、协同发展的格局。

1．发展历程概述

北京CBD位于朝阳区中部，长安街东延长线和东三环路在此相交，占地面积7.04平方千米。1993年由国务院批复的《北京城市总体规划》提出，要在东二环至东三环之间“开辟具有金融、保险、信息、咨询、商业、文化和商务办公等多种服务功能的商务中心区”。1999年确定了四至范围：东起西大望路、西至东大桥路、南临通惠河、北接朝阳路，面积为3.99平方千米。2000年北京市全面加快CBD建设，2001年成立CBD管委会作为市政府设在商务中心区的行政机构。2009年，北京市政府同意CBD沿朝阳北路、通惠河向东扩至东四环路，区域面积增至7.04平方千米，规划建筑规模增至1900万平方米。2010年开始加快CBD核心区建设，集聚效果日益明显，辐射作用持续增强。

2．区域空间布局

（1）规划实现情况

CBD原中心区规划面积为1050万平方米，功能比例为50%写字楼、25%商业和酒店配套、25%公寓。制定有总体规划、空间形态、地下空间利用、智能交通、绿化等一系列规划。目前，中心区建设项目、基础设施、绿化均已完成规划的80%，地上建筑总规模已达到800万平方米，汇集了全市各个发展时期的地标性建筑，集中了全市50%以上的甲级写字楼和星级酒店，为CBD产业发展提供了大量的优质空间。

（2）核心区建设

核心区位于东三环路国贸桥东北角，面积为30万平方米。规划地上总建筑规模约270万平方米、地下总建筑规模约140万平方米、百米以上规划楼座18座、主体建筑高500米左右。地上公共空间规划为中央绿地、下沉广场、景观水系、二层连廊等，地下5层主要为停车、市政配套和商业区，全部互连互通。建筑主体完工、空间形态初步形成后，将成为首都地标性建筑群，同时成为跨国公司地区总部、国际金融机构、高端生产性服务业的聚集区和国际经济文化交流的核心基地。核心区 14 宗土地中标单位共涉及世界 500 强企业和跨国公司总部、金融机构、大型央企等各类企业共 41 家，预计建成后每年带来税收增量将超过 500 亿元。目前已从前期准备阶段进入全面开工阶段。

（3）CBD 东扩

CBD 东扩区位于东三环与东四环之间，朝阳北路以南至通惠河北路以北的区域，面积为 3.05 平方千米，总建筑规模为 700 万平方米。CBD 东扩坚持“四规合一”、整体统筹和弹性规划理念，整体规划有 5 个特点：“双十字”空间布局，开放的公共空间，便捷的交通网络，低碳策略，教育、医疗、文化、体育等完善的配套设施与服务。在功能布局上，分为文化传媒区、总部经济区、商务核心区、国际金融区、配套生活区 5 个功能分区。目前，总体上采取了统筹安排、有序开发、重点突破的发展战略，先期启动了一些涉及居民少的非住宅地块的搬迁和建设。

3．区域产业概况

随着 CBD 的建设发展，高端产业聚集效应日益明显，中心区已基本形成以国际金融为龙头、高端商务为主导、国际传媒聚集发展的产业格局，总部经济特征突出。区域拥有世界 500 强企业 160 家，由商务部或北京市认定的跨国公司地区总部 70 余家，占全市 70%左右，是北京市落实总部经济政策的试点区。拥有普华永道、麦肯锡等 200 余家世界级高端服务业企业，聚集了惠普、三星等近百家跨国公司研发机构。2013 年被北京市认定为“北京市总部经济集聚区”和“北京市商务服务业集聚区”。区域聚集了各类金融机构 1000 余家，其中外资金融机构 250 余家，成为北京金融机构最多、种类最全的区域。国际传媒产业发展迅猛，聚集了包括华尔街日报、VOA 等 170 余家国际传媒机构，占全市的 90%以上。

4．经济贡献情况

北京 CBD 以国际化、市场化、现代化为特征形成了区域商务品牌，国际商务活动密集，产业簇群发展、处于价值链的高端环节，不到全区面积 1.5%的中心区，GDP、税收、财政收入占到了全区 1/5 强，聚集效应明显；占全区面积 17.8%的功能区的各项主要经济指标占全区 60%左右，成为首都经济社会发展的重要支撑之一。2014 年，中心区税收过亿元楼宇 46 座（2006 年过亿元楼宇为 11 座），其中，超过 10 亿元的 6 座。纳税前 10 名企业合计贡献税收 107.77 亿元，同比增长 13.97%，占中心区总税收的 29.75%；纳税 100 强企业合计纳税 222.51 亿元，同比增长 11.65%，占中心区总税收的 61.43%。

5．区域品牌建设

在强化产业功能的基础上，不断提高北京 CBD 的发言权和影响力。自 2000 年以来，已经连续举办了 14 届北京 CBD 商务节，成为北京市的重点国际交流活动之一。2008 年作为亚洲商务区代表与巴黎拉德芳斯 CBD 等发起成立世界商务区联盟；2010 年顺利当选为世界商务区联盟第二任轮值主席，并于 2013 年成功连任；2010 年与上海、天津、深圳、重庆、广州等 CBD 共同成立了中国商务区联盟，当选为首任轮值主席；2013 年获连任，城市商务区间的交流合作进一步发展。

（二）集聚区特点分析

1．产业结构特点

随着 CBD 的建设发展，高端产业聚集效应日益明显。中心区已基本形成以国际金融为龙头、高端商务为主导、文化传媒聚集发展的产业格局。

从税收来看，2014 年，CBD 中心区税收收入合计 362.23 亿元，同比增长 12.83%，占全区的 22.02%。

2．重点企业贡献

2014 年，CBD 各主要行业发展势头良好，CBD 中心区现代服务业上缴税收总额299.05亿元，同比增长14.12%；金融业上缴税收总额50.95亿元，同比增长54.07%；文化创意业上缴税收总额37.54亿元，同比增长8.25%；房地产业上缴税收总额80.15亿元，同比增长66.22%。

3. CBD总部经济的贡献

CBD中心区总部经济规模呈现较快增长。2012年，CBD总部企业共有147家，占朝阳区全部总部企业的34.8%，总资产达到11693.5亿元，同比增长16.5%，占朝阳区总部企业资产的20.6%；总收入3222.4亿元，同比增长19.3%，占朝阳区总部企业收入比重为21.6%；实现利润总额403.9亿元，同比增长22.5%，占朝阳区总部企业利润总额比重为19.2%；拥有从业人员共计13.8万人，同比增长17.9%，占朝阳区总部企业从业人员比重为23.8%。

CBD中心区总部经济税收贡献突出。2012年，CBD区域总部经济共实现税收106.1亿元，占CBD区域税收总额的38.6%。2013年1—10月，CBD中心区总部经济税收贡献为109.6亿元，占CBD税收总额的44.3%。

CBD中心区总部经济外资特征明显。2012年，北京CBD共有外资总部企业102家，占总部企业的69.4%左右。其中，CBD外资总部企业的税收和收入均占据了CBD总部经济的70.0%以上。

2012年CBO中心区总部经济的主要指标如表4.1所示。

表4.1　CBD中心区总部经济的主要指标（2012年）

	总部经济规模	增长率	外资总部规模	占总部比重	外资总部增长率
总部企业数（家）	147	—	102	69.4%	—
总资产（亿元）	11693.5	16.5%	2858.6	24.4%	17.7%
总收入（亿元）	3222.4	19.3%	2255.7	70.0%	11.3%
利润总额（亿元）	403.9	22.5%	107.0	26.5%	−17.9%
税收（亿元）	106.1	—	78.9	74.4%	—
从业人员（万人）	13.8	17.9%	1.3	9.4%	18.2%

（三）发展思路及政策体系

1. 总体发展思路

北京 CBD 在“十二五”期间将通过建设“三区”（世界城市试验区、国际金融主承载区、国际化现代商务中心区），强化“五个中心”（国际信息交流中心、国际资本往来中心、国际人才集散中心、国际时尚引领中心、国际文化传播中心）的功能，着力将 CBD 建设成为国际化资源高度聚集、总部经济发达、规划建设达到世界先进水平、具有国际影响力的高端商务中心区。

2. 相关政策措施

北京 CBD 进一步集成了总部经济、楼宇经济、金融产业、文化创意产业、现代服务业、高新技术产业、节能减排等政策措施，初步形成相对完整的产业促进体系，除市级政策外，还有朝阳区自行制定的优惠措施，包括：

①《朝阳区关于促进北京商务中心区金融产业发展的实施意见》；

②《朝阳区文化创意产业发展专项资金管理办法》；

③《朝阳区现代服务业专项资金管理办法》；

④《朝阳区关于鼓励跨国公司地区总部及现代服务业发展专项资金管理办法》；

⑤《朝阳区高技术产业与现代制造业发展专项资金管理办法》；

⑥《朝阳区关于促进楼宇经济发展的奖励办法》；

⑦《朝阳区节能发展专项资金管理办法》；

⑧《朝阳区节能发展专项资金管理办法实施细则》。

二、北京金融街

（一）总部经济集聚区基本情况

1. 空间布局

北京金融街坐落于首都北京最核心区域，是中共中央、国务院、全国人大、全国政协等党和国家领导人机关所在地，也是国家经济管理部门和金融监管部门的集聚地。北京金融街核心区面积达 2.59 平方千米，建筑面积总规模 600 万平方米。为满足金融机构的需求，金融街积极推进高标准办公楼宇及配套设施建设；深入研究推进轨道交通、楼宇接驳、停车系统等交通基础设施建设；不断优化金融街信息网络基础设施建设，实现对主干道路和人流密集区域无线网络全覆盖。目前，金融街已启动新一轮建设标准的研究，将借鉴国际领先标准，按照绿色、节能、低碳、科技和人性化等设计理念，编制实施建设标准导则，满足世界高端机构的入驻需求。

2. 产业概况

北京金融街见证与承载了国家金融改革发展历程和发展成果，也是金融资源集聚效应和产业发展集聚规律的体现，对金融要素和金融机构的集聚能力愈发明显。北京金融街已基本形成多元化金融机构体系，各类具有行业影响力的金融机构在金融街快速发展。其中，全国 100%的政策性金融机构、1/3 的全国性商业银行总部和 60%的保险集团总部都位于金融街。此外，全国十大证券公司中有两家也位于金融街。

3. 发展历史与集聚形成过程

1993 年 10 月，国务院批复《北京城市总体规划（1991—2010 年）》明确提出："在西二环阜成门至复兴门一带，建设国家级金融管理中心，集中安排国家级银行总行和非银行金融机构总部"，由此北京金融街的建设开始。2007 年 10 月，市长办公会讨论通过《关于对金融街区域拓展和功能完善的意见》，明确将金融街核心区从 1.18 平方千米拓展为 2.59 平方千米。经过 20 年的开发建设，目前北京金融街核心区建筑面积总规模达 600 多万平方米，已成为集决策监管、资产管理、支付结算、信息交流、标准制定为一体的国家金融中心。

据世邦魏理仕发布的《全球优质办公楼租用成本调查报告》显示，北京金融街成为继伦敦西区、香港中环之后全球办公楼宇租金排名第三的产业功能区。尽管商务成本不断上涨，却没有消减机构入驻的期盼，仍有大量机构表达了强烈的入驻需求。据仲量联行发布的《国际金融中心物业市场及重点金融机构选址动态研究报告》显示，新设金融机构最看重注册地相关机构集聚程度、政策环境、产业基础设施和信息等环境，北京金融街得益于国际顶尖的软硬件环境、市场环境氛围及普遍的品质认可度，拥有强大的集聚能力，已成为新设金融机构首选之地。近 3 年来，北京金融街新入驻金融机构 300 余家，金融资源集聚效应和产业发展集聚规律充分体现，对金融要素和金融机构的集聚能力愈发明显。

（二）北京金融街特点分析

1. 产业结构分析

北京金融街共有各类金融机构逾 1500 家，其中法人机构逾 600 家。主要包括："一行三会"等国家金融管理机关，中国银行业协会、中国证券业协会、中国银行间市场交易商协会等 15 家全国性金融行业协会，工商银行、建设银行、中国人寿、中国银行、中国人保等国内前 5 大金融机构，全国资产量最大的股权投资基金的母基金——全国社保基金理事会、全国 4 大资产管理公司、国家电网等 20 家入围世界 500 强的企业总部（占全国的 20%），以及高盛、安盛、摩根大通等进入世界 500 强的外资金融机构在华法人和地区总部。此外，总部不在北京的全国性金融机构，如浦发银行、招商银行等，大多将其主要业务和研发机构设在北京金融街。

"十二五"以来，金融街新入驻金融机构 300 余家，注册资本金超过

700 亿元，主要包括全国中小企业股份转让系统、中证资本市场运行统计监测公司、中证资本市场发展监测公司等国家多层次资本市场改革衍生的重要机构；中国上市公司协会、中国支付清算协会、北京证券期货研究院、北京金融衍生品研究院等服务国家金融改革发展需求的研究性、自律性金融组织；工银瑞信基金、信风投资、北京昆融投资、北银金融租赁等大型金融机构综合化经营改革中衍生的子公司；中移动财务、中交财务、供销集团财务、国核保险经纪等大型国企资本运营改革中创办的金融板块机构。

据 2014 年《财富》世界 500 强企业最新排名显示，上榜的中国企业总部位于北京金融街地区的有 25 家（全国包括港澳台共有 100 家，内地 91 家，其中北京 52 家），上榜的外资机构中有 20 家在北京金融街设立下属机构。工商银行、建设银行为全球最大的两家银行，中国人寿为全球最大的保险集团。摩根大通、摩根士丹利、瑞士银行等国际金融集团纷纷选择在金融街设立区域总部，高盛等机构将亚太区总裁办公室移至金融街，承担国家“一带一路”发展战略的亚投行和丝路基金已明确落户金融街。这些国际顶尖金融机构在北京金融街的战略布局，标志着北京金融街已发展成为中国金融与世界金融的交汇之地和重要节点，北京金融街是观察我国乃至全球经济社会发展新形势、新动向的重要窗口。

2014 年，北京金融街依托成熟的环境和优质的服务，吸引各类金融机构入驻发展，产业集聚效应不断提升，构建“高精尖”经济结构支撑作用持续增强。从行业分类来看，新增机构以货币金融服务和保险类为主，占引入企业总量的 68%。融资租赁公司、集团财务公司、产业基金等新兴金融业态纷纷落地，金融业态结构不断丰富，发展活力持续增强。

2. 总部经济贡献与作用分析

北京金融街作为国内第一个大规模整体定向开发的高端金融产业功能区，已发展成为大型机构总部聚集地、全国金融资产聚集地、高端金融人才聚集地、人民币资金流通枢纽、金融市场信息发源地。区域产出全市近一半的金融业增加值、1/3 以上的三级税收，是最符合习总书记对首都发展战略要求的高端产业承载区，对首都构建“高精尖”经济结构发挥着重要支撑作用，是首都乃至全国经济发展的重要引擎。具体表现在以下两方面。

一是“高精尖”经济发展特征明显。金融业以占全市 4.6%的城镇就业人口创造了 15.5%的生产总值，西城区更是以全区 21.2%的就业人口创造了 42.7%的生产总值，具有高精尖经济结构资源消耗少、环境污染少、就业人口少的典型特征。

二是经济增长支撑力、贡献力突出。在经济增长下行压力加大，经济发展向新常态过渡的环境下，作为带动全市经济增长和财政收入增长的第一支柱产业，金融业的贡献度进一步提升，是稳中求进中“进”的最充分体现。初步核算，2014 年全市金融业实现增加值 3310.8 亿元，同比增长 12.3%，高于全市经济增长 5 个百分点，占全市 GDP 的 15.5%，对全市经济增长的贡献率达 25%，均达到近年来最高点，经济稳定器作用越发凸显。金融业在全市经济中的地位明显高于上海等国内金融发达城市（上海金融业占 GDP 比重 12.8%、贡献率 15.1%），北京金融街产值占全市金融业的 41%，对全市金融业增长贡献率达 41.1%。2014 年，金融街实现三级税收 3449.6 亿元，同比增长 14.4%，占全市税收总量的 30.6%，增收贡献率达 37.45%；实现财政收入 168.5 亿元，占西城区财政收入的 45.2%，增收贡献率达 67.9%。

（三）集聚区政策与建设经验

1. 总体发展思路

抓住世界经济格局深度调整和国家全面深化改革的历史性机遇，主动适应经济发展新常态，坚持稳中求进的工作总基调，进一步发挥北京金融街在全市构建高精尖经济结构中的重要作用，将总部经济的聚集优势转化为支持打造“高精尖”经济结构的产业优势，将金融要素的聚集优势转化为推动科技、文创等新兴产业转型升级的资源优势，提升金融服务经济社会发展能力。

2．相关政策与措施

一是强化金融核心优势，构建多元化金融机构体系。北京金融街承担着首都发展高端产业的艰巨任务和使命，始终对高端金融机构保持着强大的集聚力。我们要进一步摸清重点金融机构的核心需求、有效把握北京金融街这一核心优势，提高北京市金融产业发展的竞争力。机遇上，摆在我们面前的主要是中国金融国际影响力大幅提升、国家金融体制市场化改革，以及京津冀协同发展。APEC 会议上，我国推出了“一带一路”战略，希望通过基础设施的互连互通促进资本输出，配合这一战略的是亚投行、丝路基金等金融安排，经过市区两级不懈努力，亚投行已明确落户金融街，丝路基金已正式注册运营。随着国家资本对外输出力度加大，中国金融将在全球发挥越来越重要的作用，未来将有更多的由我国发起的国际金融组织、金融机构设立。北京金融街具有得天独厚的区位和产业集聚优势。我们要进一步加大对高端金融机构的引进力度，①突出影响力，引进具有行业领导力的国际金融组织、大型金融机构、金融基础设施类机构入驻；②突出贡献力，引进财务公司、金融租赁、资产管理等具备发展潜力的金融机构入驻，进一步提升金融对区域经济社会发展的贡献力；③突出创新力，引进股权投资、支付结算、财富管理等优质新兴金融机构，进一步完善产业链条，优化金融发展环境。

二是发挥金融资源优势，促进产业融合发展。充分利用金融资源优势，发挥金融业引领、示范、带动作用。一方面，促进重点产业创新发展。2014年前 3 季度，全市高新技术产业贷款余额达 2784.7 亿元，同比增长 76.4%，文化创意产业贷款余额达 773.9 亿元，同比增长 19.9%，增速均明显高于全市 11.8%的总贷款增速。截至 2014 年年底，新三板市场挂牌企业数量达 1572 家，高新技术企业占比达 80%，有力支持了科技、文化等产业创新发展。作为全国金融资源最密集，科技、文化资源最丰富的地区，要充分利用金融资源优势，强化科技创新驱动作用，带动文化产业集群发展，提升文化、科技产业质量和效益，促进金融资源与科技、文化、商业、旅游等产业融合发展，推动科技、文创等新兴产业企业利用资本杠杆快速成长，加快产业结构转型升级，推动文化中心和科技创新中心建设。另一方面，促进总部经济和主导产业与中小企业融合发展，在严格执行产业禁止和限制目录的前提下，大力发展为总部经济和主导产业提供高端配套服务的中小企业，形成以产品和服务为纽带的共生关系，促进总部经济、主导产业与中小企业的良性互动，优化金融发展环境。

三是调整疏解非首都功能，优化提升高精尖经济发展环境。2014年以来，西城区按照“以业控人”的工作思路，将调整疏解非首都功能与人口调控相结合，通过拆违撤市等手段清理一批不符合核心区定位的业态，疏解了两万流动人口，有效提升了区域环境。北展地区市场方、经营方和商家变被动观望为主动转型升级，减少服装批发摊位1300余个。马连道地区撤除集贸市场10个。下一步，继续推进“瘦身健体”，做到有集聚有疏解，有提升有清理，对于优质资源、优势产业要进一步集聚提升，对于不符合首都功能的产业，要进一步疏解清理，为高精尖产业创造良好环境，为可持续发展预留发展空间，更好地服务国家发展战略和重点产业发展需要。

三、中关村科技园区海淀园

（一）中关村科技园区海淀园概况

中关村科技园区海淀园位于北京市区西北部，是中关村国家自主创新示范区核心区、中关村科技园区的发源地。1988年，中国第一个高新技术产业园区诞生于此，闻名中外的“中关村电子一条街”是其发源地。

2009年，国务院批复建设中关村国家自主创新示范区，这是党中央、国务院在新的历史时期加快建设创新型国家的重大战略；随后，北京市政府批复海淀园作为中关村国家自主创新示范区核心区，要求全力打造具有全球影响力的科技创新中心，并陆续给予一系列先行先试政策。此外，海淀园还是中关村人才特区、国家级科技金融创新中心和国家级文化与科技融合示范基地的所在地，也是北京市总部经济集聚区之一。2013年9月30日，中央政治局领导第9次集体学习时指出，作为我国第一个高新区，中关村在国家科技经济发展中的作用越来越突出，已成为我国创新发展的一面旗帜。

中关村海淀园现有规划占地面积174.06平方千米。园区内聚集了以北京大学、清华大学、中科院为代表的众多知名的大学、科研院所，留学人员创业园、大学科技园和高新技术产业基地、新型孵化器等服务链条不断延伸，产业联盟、行业协会、中介机构、国际技术转移中心等创新要素日益聚集，协同创新体系日臻完善，联想、百度、北大方正、清华同方等一批知名的科技企业从这里走向世界。微软、法国电信、AMD、甲骨文、IBM等全球500强企业和知名跨国公司在海淀设立总部型分支机构或研发中心。2014年，中关村海淀园总收入实现1.44万亿元，同比增长15%，占中关村示范区的40%。海淀区规模以上工业企业总产值2020多亿元，同比增长27.6%，超额完成市经信委7%的指导性指标。全年发明专利授权量约1.1万件，实现技术合同成交额1367亿元，同比增长9.5%。全年新认定国家高新技术企业1839家，复审421家，已通过北京市认定的总数为5200余家，占北京市一半以上。新增上市挂牌企业58家，上市挂牌企业总数超过370家。

（二）园区企业产业分布和空间布局

“十五”时期以来，海淀园保持了产业和经济规模的快速、持续增长，在园区总收入、利润总额、专利申请及授权量、技术收入等多项主要指标方面取得了突破性的跨越，已成为我国自主创新的高地和高端创新成果的密集区和输出区，参与全球竞争的能力不断提升，已成为引领区域发展的重要增长极。海淀园重点技术领域主要包括电子信息、新材料、先进制造、生物医药、新能源、节能环保六大领域。

为贯彻落实十八大、全国科技创新大会和北京市第十一次党代会的精神和要求，海淀园不断创新服务机制，优化产业布局，加大政策引导和资金扶持力度，完善以企业为主体的科技创新体系，全面打造战略性新兴产业策源地。

在优化产业布局方面，海淀园在海淀区委区政府的领导下，全力打造中关村科学城和北部中关村创新中心区两个万亿级产业聚集区，两大聚集区为北京市“十二五”时期重点规划建设的“两城两带”的重点区域，是提升首都自主创新能力的战略腹地。重点培育导航与位置服务、移动互联网与下一代互联网、云计算、集成电路设计、生物医药、新能源新材料与节能环保产业，以及文化与科技融合产业等“6+1”细分产业集群，整合高端技术产业链，产业集群集聚效应明显。新材料、能源产业仅次于电子信息业，成为海淀园第二大优势产业，聚集了一批在水处理、固废处理等技术领域国内领先的能源企业；集成电路设计产业占全国的1/4，计算机市场占有率稳居全国第一，“祥云计划”半数以上云计算企业落户海淀；导航与位置服务产业产值占全市80%以上；移动互联网和下一代互联网企业3000余家，中关村“十百千”企业近40家，从业人员超10万人；生物医药类企业500余家，聚集了大北农、德青源、德农种业等一批著名的生物农业企业。图4.1所示为中关村创新中心区效果图。

图4.1　中关村创新中心区效果图

（三）园区促进总部经济发展的举措

2013 年，海淀区有 74 家总部企业入选第一批北京市重点总部企业名录，约占入选总部企业总数的 20.8%，其中，央企及国企总部 32 家，民营企业总部 23 家，外资企业总部 19 家。入选的重点总部企业中，小米科技有限责任公司、格兰富（中国）投资有限公司等企业均是园区近年来重点引进并支持发展的总部型企业。2014 年，海淀区有 21 家总部企业申请入选第二批北京市重点总部企业名录。

近年来，园区通过专项资金支持以及优化政府服务等方式，促进了海淀园区总部企业的发展。一方面，通过加大专项资金对总部企业的扶持力度，支持总部企业提升创新能力、做强做大，推动了以联想、新浪、普天、大唐、航天科技、航天科工为代表的国内科技型总部企业的发展，形成了以电子信息产业为主体的高新技术产业集群；另一方面，建立了区政府、主管部门、街镇 3 个层级的总部企业服务体系，及时了解企业发展动向，解决发展问题，促进了微软、AMD 等跨国科技型总部企业在海淀扩大投资规模，实现产业带动和人才培养。

结合党的十八届三中全会在深化科技体制改革、政府职能转变等方面提出的要求，以及北京新时期发展面临的重大战略转变，海淀园对原有政策体系架构进行了调整。在对原有《关于加快核心区自主创新和产业发展的若干意见》调整完善的基础上，重点围绕优化创新生态环境、激发核心区科技创业活力、提升企业核心竞争力、聚焦重点产业发展等方面，重新构建核心区创新创业发展的政策框架体系，并探索建立核心区技术创新项目市场化评价机制，简称“1+4+1”政策体系。新的政策体系将从创新创业服务环境、创新平台服务、知识产权服务、融资服务环境、信用服务环境等方面打造区域创新创业生态环境优势；聚焦支持创业需求服务、科技人员创业、全球创新创业人才集聚、创业企业市场培育，以及创业交流活动，促进各类创新资源实现聚变，激发核心区科技创业活力；重点支持企业自主创新、多主体协同创新、科技成果转化、专利商用化与标准品牌战略、军民融合创新发展及企业创新国际化，进一步打造核心竞争力；聚焦“6+1”战略性新兴产业发展壮大、重点企业引进与服务、产业聚集区建设、楼宇经济发展、产业有序转移等方面，强化发展总部经济、服务经济等高端产业及高端环节，在新兴产业发展方面发挥更突出的示范引领作用。图 4.2 所示为中关村西区效果图。

图 4.2　中关村西区效果图

（四）典型案例

超威半导体（中国）有限公司是由全球第二大芯片供应商美国超威半导体公司（以下简称 AMD）于 2005 年在海淀投资设立的外商投资企业。AMD 总部位于美国加利福尼亚州桑尼维尔，在芯片设计及制造行业占有全球 10%～20%的市场份额，仅次于 Intel 公司。

AMD 高度重视中国市场，通过整合中国大陆、香港和台湾地区业务，统筹研发、生产、市场、销售和技术支持等业务，将地区总部落户海淀，近年来在业界产生了较大影响，强化了芯片领域知名企业在海淀的聚集效应，也为海淀在芯片技术研发上保持领先优势注入了新的活力。

为鼓励其尽快整合在华业务，海淀区从加强软环境建设出发，针对企业实际需求制定专门的政策措施，积极推动 AMD 中国公司进行销售结算本地化调整。2007 年 1 月，AMD 在海淀注册成立了其销售公司——超威半导体产品（中国）有限公司，销售公司的设立极大地促进了销售收入本地化的进程，是 AMD 全球首家以所在国货币计价、销售收入直接落在所在国的公司。

2008 年，金融危机对芯片行业产生了较大冲击，AMD 中国公司的经营也遇到很大困难，并准备采取裁员措施。在这种情况下，海淀区积极予以帮助，在原来海淀区支持政策的基础上进一步加大了支持力度，中关村科技园区海淀园管委会从园区发展专项资金中给予企业在困难时期的应急支持。通过政府的“雪中送炭”，使得 AMD 中国公司最终顺利渡过危机，并为下一步跨越式发展打下了坚实的基础。

2010 年 10 月，时任中共中央政治局委员、北京市委书记刘淇会见了 AMD 全球总裁，对 AMD 计划在中国进一步扩大投资表示支持，并表明北京市将深化与 AMD 的合作。为此，AMD 与北京市签订战略合作协议，计划将全球总部逐步设立在北京，形成“双总部”格局。此外，AMD 计划在海淀设立全球第二大研发中心，5 年内为该项目投入 2 亿美元，以 APU 和节能芯片为重点研发方向。AMD 全球最领先技术的研发中心落户海淀，符合中关村国家自主创新示范区核心区“建设全球有影响力的科技创新中心”的目标，对本地芯片产业及技术持续高端化发展和高端人才聚集将会起到很好的带动作用。

四、东二环高端服务业发展带

根据《北京市东城区总体发展战略规划（2011—2030 年）》，东二环交通商务区（以下简称商务区）自 2012 年起，正式拓展为东二环高端服务业发展带（以下简称发展带），主要承担发展总部经济和高端服务产业，努力将“发展带”打造成为高端服务业聚集区、新兴产业金融功能区和总部商务区。四至范围大致为：北起民安街，南至崇文门东大街，西起东直门、朝阳门南北小街、西总布胡同、东单北大街、崇文门内大街，东至朝阳区界，共涉及6个街道，30个社区，总面积约为7.39平方千米。

经过十年规划建设，目前“发展带”入驻企业数量不断增加，区域发展定位日渐清晰，投资环境更加优化，一个以总部企业为重点，信息、金融和商务服务三大主导产业共同发展的产业格局基本成型。截至2014年年底，“发展带”共实现税收总额127.62亿元，实现区级收入38.89亿元，占全区区级收入总额的1/4，已成为东城区重要的经济增长极和重要的经济功能区。

（一）2014年总部经济发展总体情况

2014年，随着东城区中长期发展规划，以及《东二环高端服务业发展带专项规划》的实施，总部企业由原来的33家增加到44家，增长33.33%，“发展带”总体经济规模得到进一步扩大，产业结构继续得到优化，一个以高端服务业为主体，总部企业为支撑，金融、信息、商务服务三大主导产业并行发展的产业格局已经形成。

截至2014年年底，“发展带”共入驻总部企业44家，其中，中国石油天然气集团公司、中国海洋石油总公司、中国五矿集团、中国农业银行4家企业入围2014年世界500强；中国华润总公司、中国保利集团公司、中国化学工程股份有限公司、华夏银行股份有限公司、中青旅控股股份有限公司等8家企业入围2014年中国企业500强（含4家世界500强）。

总部经济撑起了发展带的“半边天”。“发展带”经过近几年的发展，总部经济对区域经济的支撑作用越来越明显。截至2014年年底，在“发展带”已入驻的44家总部中：中国公司总部20家、中国公司区域性总部9家、跨国公司地区总部15个，涵盖了能源、信息、金融和商务服务等主导产业。同时，围绕总部企业，不仅入驻了60余家下属子公司，还吸引了大量的中下游高端服务业，如法律咨询、广告会展、知识产权、职业中介、市场管理、会议服务等。“发展带”的产业链不断延长，产业集群正在逐步形成。总部企业对“发展带”的税收贡献也十分突出。截至 2014 年年底，占“发展带”工商登记总数 0.5%的 44 家总部企业，实现总税收 49.11 亿元，占“发展带”税收总额的 38.48%，总部经济的总体规模正在不断扩大。

（二）面临的主要问题

从“发展带”总部经济目前发展情况看，当前面临的主要问题有以下几个方面。

1. 可开发的土地资源明显不足，发展空间严重受限

经过长期的开发建设，已处于城市核心区建成区的“发展带”空间资源日益紧张且空间开发利用难度较大。一是“发展带”虽然确定面积为 7.39 平方千米，商务用地主要集中在东二环东西沿线两侧。这片区域经过这些年的开发建设已经饱和，今后可开发的土地资源明显不足，且改造成本高。二是从已经建成的楼宇资源利用情况看，闲置的面积已经不多。目前，在已建成的 77 座楼宇中，仅有 30 余万平方米可供出租、出售，且散落在各楼宇间。虽然“十二五”期间，预计还有 60 万平方米左右的建筑面积可供出租、出售，但实际能带来税收效益的写字楼面积不到 50 万平方米。总体上看，“发展带”大规模数量扩张时期已经过去，下一步主要靠资源整合、结构调整来挖掘潜力。

2. 异地纳税总部企业移税困难，制约财政收入快速增长

“发展带”主要采取企业自建的方式进行开发建设。这一方式的优势是建设速度快、招商主体明确，但也存在一些缺陷。一是效益与产业的矛盾，就是投资方在楼宇投入使用后，获取效益的愿望与产业定位的矛盾，特别是在招商任务比较急重的时节，产业政策的落实难以得到有效保证。二是入驻企业与税收的矛盾，楼宇投资企业更关注的是尽快招进

企业获得租金，而对税收增长不是关注重点。目前，“发展带”有不少工商税务登记不在东城的企业。有些企业虽然愿意迁来，但也由于种种原因难以完成。特别是一些大型的总部企业占用了“寸土寸金”的“发展带”土地楼宇资源却不能为本区的财政增长贡献力量，也是“发展带”今后税收能否突破高位增长的一个制约因素。

3．北京产业空间调整新格局下面临诸多竞争和挑战

CBD、金融街等功能区依托已经形成的品牌优势与扩区后的空间优势，对高端要素的吸引力进一步增强。通州高端商务服务区、新首钢高端产业综合服务区、丽泽金融商务区等新兴功能区快速发展，对“发展带”高端要素和产业资源的竞争日益加剧。

4．对“发展带”总部经济发展运行动态监测机制亟需建立

截至目前，“发展带”总部经济发展运行动态监测体系尚未建立，无法定期全面对发展带内总部企业的工商、税收、统计等经济指标进行有效监测、分析，难以随时准确掌握“发展带”的总部经济指标变化。

（三）对策及措施

1．加大对“发展带”总部经济优惠政策的宣传，推动资源整合和结构调整

采取多种形式和平台，进一步宣传有关政策，积极配合东城区产业促进局整合政府各职能部门的力量，支持楼宇业主吸引符合主导产业政策的总部企业入驻，进一步加强落实各项优惠政策，充分利用政府平台做好招商引企工作，以促进总部企业在“发展带”又好又快发展。

2．认真做好规划落实工作，保证“发展带”正确发展方向

东城区政府已经编制完成了《北京市东城区总体发展战略规划》（2011—2030年）（以下简称《总规》）。《总规》明确提出了要把商务区拓展为高端服务业发展带，并确定了具体的任务和功能。在《总规》的指导

下，2011 年《东二环高端服务业发展带专项规划》（以下简称《专项规划》）完成编制工作。《专项规划》明确提出了产业发展要求和空间拓展计划。今后几年，重点是要按照《总规》和《专项规划》确立的目标要求，扎扎实实地做好落实工作。首先，要加强宣传，提高共识。其次，要提出各个年度落实计划和措施，分阶段、定目标抓好落实。最后，要继续做好发展带内的其他产业、重点地段分项规划的制定和组织实施工作，保障“发展带”的经济发展始终沿着正确的轨道高效、高速、持续、稳定发展。

3. 做好投资项目建设工作是实现可持续发展的基础

截至目前，“发展带”内除东华广场商务区暨东直门交通枢纽项目外均已竣工使用，为此，2014 年重点做好上述项目的服务协调，以及东二环商务区新兴产业园项目的前期工作。一是大力推进东华广场商务区暨东直门交通枢纽项目建设，协调区园林局、交通等职能部门现场探勘，并全力解决园林绿化和交通开口等问题。二是积极推进“东二环商务区新兴产业园”项目前期工作。“东二环商务区新兴产业园”位于东直门外，北至东直门外大街，东至新中街，南至工人体育场北路，西至东中街，总用地面积约 16 万平方米，其中建设用地面积约 11.4 万平方米。《东城区总体发展战略规划（2011—2030 年）》提出建设“一轴两带五区”，本项目位于其中的“东二环高端服务业发展带”上。根据专项规划，该地块未来将建设东外低碳产业集聚区，重点培育发展节能服务、绿色金融等产业领域，打造以能源企业总部和低碳服务机构为主体、具有国际影响力的低碳服务聚集区。在 2012 年启动并完成调查摸底、概念性规划方案设计工作的基础上，2014 年在区委、区政府的强力领导下，主动配合职能部门，积极推进新中街项目开发改造的前期规划工作和准备工作，开展专家论证，完善规划设计，搞好土地储备，创新开发方式，力争将东外地区建成产业特点更突出、经济效益更明显的新型特色发展区。

4. 建立总部经发展监控机制

目前，“发展带”已经建立了由东城区国税局、地税局、工商局、统计局和东二环建管办等部门组成的经济监控机制，以每个季度为节点，由东二环建管办负责汇总国税、地税、工商、统计等部门的基础数据，写出分析报告。下一步，将由东城区发改委、区商务委牵头，联合区属有关职能部门，建立“发展带”总部经济发展监测和统计分析系统，及时监测发展带总部经济运行动态，分析发展带总部经济发展态势，为政府决策和企业发展提供准确的参考依据。

5. 进一步做好为企业服务工作

区域的品牌效应，对促进区域经济发展十分重要，而区域品牌效应的形成及提升，需要大力的宣传和培育。下一步，要广泛利用新闻媒体、网络、电视等媒介，全面宣传“发展带”的环境优势、人文优势、政策优势等，为“发展带”发展提供良好的舆论环境。同时，加强与总部企业联系，继续加强服务平台建设。要充分发挥企业家联谊会、东城合作发展联盟、物业联盟等平台在各自领域、各个方面的宣传、示范和协调作用，推动这些社会组织共同参与区域建设和秩序管理，不断优化“发展带”的营商环境，进一步拓展服务范围和空间，为入驻总部企业解决好实际困难。

五、中关村科技园区电子城科技园

2013 年 5 月，中关村科技园区电子城科技园获批“北京市总部经济集聚区”称号。一年来，按照“稳中求进、调整转型”的总体要求，电子城加快落实相关政策，全面推进总部经济集聚区建设，综合实力明显提升。

（一）基本情况

1. 空间布局

电子城科技园是中关村国家自主创新示范区的重要组成部分，也是朝阳区三大功能区之一——电子城功能区的核心部分，按照国务院《关于同意调整中关村国家自主创新示范区空间规模和布局的批复》，电子城占地 26.1 平方千米，包括东区、西区、北区、健翔、大望京和垡头中心区，重点发展新移动通信、新生物医药和新能源等战略性新兴产业和高新技术产业。申报的总部集聚区占地 18.09 平方千米，不含垡头中心区。

东区规划面积 6.11 平方千米，是北京市政府批复的老工业基地改造试验区，目前已吸引和培育了一批包括默沙东、霍尼韦尔、奇虎 360、联发科技、ABB（中国）等在内的国际知名企业。其中 798、751 两大文化创意产业园也坐落其中。

西区规划面积 2.02 平方千米，是国际电子通信总部及研发中心的聚集地。施耐德、安捷伦、爱立信等众多世界 500 强企业坐落其中。

北区规划面积 3.38 平方千米，将重点打造中国“移动谷”，为高新技术产业集群提供新的承载空间，华锐风电、步长药业、世纪互联、七星华创、南山集团等知名企业已签订意向协议。

健翔区规划面积 3.88 平方千米，辖区内分布着中科院 12 个科研院所和 10 个重点实验室，为国际科技活动和产业发展提供了重要的服务平台。

大望京科技商务创新区是望京地区（规划面积 2.71 平方千米）的核心区域，规划面积 0.97 平方千米，定位为具有国际影响力的科技商务中心，与北区一起被列入朝阳区十大基地，将成为电子城“三新”产业高地的延伸和支撑，绿地集团、浦项集团等知名企业已入驻。目前正在开发建设之中，预计 2015 年全部建成。

2. 发展优势

（1）区位优势。电子城位于北京城区的东北部，与西北部海淀园构成中关村科技园区的两翼，紧邻国家奥林匹克中心和 CBD，是朝阳区的核心地区之一，区位优势十分明显；紧临我国第一国门——首都国际机场，而且国门第一路首都机场高速公路贯穿功能区，成为展示北京世界城市的第一窗口；是国际信息密集区和交流中枢，国内外各种信息资源密集，渠道畅通，具有良好的交通运输网络设施，在聚集人流、物流、技术流和信息流等方面具有得天独厚的优势。

（2）政策优势。园区企业除能享受到朝阳区高新技术产业发展引导资金、鼓励总部经济及服务业发展专项引导资金、促进金融产业发展、促进中小企业发展、企业研发投入资助等相关政策外，还能享受到中关村“1+6”政策、新四条政策、税收优惠政策、重大科技成果转化和产业化扶持政策、技术创新扶持政策、支持国际化发展扶持资金政策、新技术新产品（服务）应用推广扶持资金政策、支持企业购买中介服务、人才扶持政策等，并鼓励、支持产业集群、企业创新。这些政策和措施的实施极大地促进了产业集群、企业总部的创新发展。

（3）产业优势。电子城从建园初期开始，以通信设备、微电子与电子元器件和计算机软件为核心的电子信息产业一直在各高新技术产业中处于领先地位。目前，集聚了爱立信、七星华创、鼎桥等一大批国内外知名的研发企业，逐步形成了聚集效应。在不断扩大发展的过程中，电子城还注重密切结合高新技术产业发展和传统产业升级改造的需要。在突出主导产业特色的同时，重推新能源、先进制造、生物医药、环境保护等重点领域，走多元化发展的道路。

（4）总部和研发中心集聚优势。园区吸引了 10 多个国家和地区的 150 家跨国公司在电子城投资，包括 30 家世界 500 强企业。跨国公司研发中心、区域总部、营销机构正在加速进入。目前，施耐德、ABB、西门子、爱立信、三星为代表的跨国公司投资、管理、运营机构已入驻电子城；LG、安捷伦、强生、富士通等知名跨国公司在此纷纷设立研发中心。这些跨国公司区域总部和研发中心，具有世界领先的科研发展能力和遍布全球的业务网络，它们在电子城的不断聚集，使园区的国际影响力不断增强，为高端楼宇发展提供机遇和条件。

（二）产业发展情况

2014 年，管委会加快拓展产业发展空间，提升产业发展质量，发挥高新技术产业的引领、支撑作用，中关村电子城的辐射带动作用不断增强。

一是产业规模逐步壮大，经济贡献平稳增长。截至 2014 年年底，电子城共有高新技术企业 1688 家，上市公司 30 家，亿元以上企业 206 家。1—11 月实现高新技术企业总收入 3494.3 亿元，同比增长 27.1%；实现利润总额 426.3 亿元，同比增长 76.3%；实缴税费 409.2 亿元，同比增长 51.2%。高新技术企业从业人员 189687 人，同比增长 13.7%。进出口总额 148.4 亿元，同比增长 106%，高新技术产业成为朝阳区经济发展的重要支撑。

二是产业结构不断优化，产业特色更加鲜明。得益于三星、世纪互联、艺龙网、奇虎 360、ABB、神华国华、梅赛德斯-奔驰等一批龙头企业持续增长的拉动，2014 年 1—11 月，电子信息、新能源、先进制造业三大支柱产业增势强劲，“641”战略性新兴产业集群的创新发展实力进一步增强。电子信息领域实现总收入 566.5 亿元，同比增长 24.3%，占总收入的 16.2%；新能源领域实现总收入 867.4 亿元，同比增长 33.8%，占 24.6%；先进制造领域实现总收入 1339.3 亿元，同比增长 22.1%，占 38.3%。三大产业合计占 79.1%，继续领跑高新技术产业发展。

三是研发活动日益活跃，自主创新能力不断提高。园区科技投入增长迅速，2014 年 1—11 月，实现科技活动经费支出总额 110 亿元，同比增长 20%；新增专利申请 1327 件，获得专利授权 868 件，拥有专利 9845 件，软件著作权 3507 个，形成国家和行业标准 402 项。全年认定登记技术合同成交总金额 55 亿元，同比增长 10%。涌现出一批高水平的自主知识产权成果，例如，京东方的 55 英寸裸眼 3D 显示屏、时代凌宇的城市生命线监测系统、七星华创的“热式数字气体质量流量测控系统”、中铁十六局的“大断面海底隧道钻爆法施工关键技术”等，成为带动产业发展的源动力。

四是功能疏解拓展产业空间，转型升级促进集约发展。加快舍弃不符合首都城市战略定位的功能和产业，严格执行北京市新增产业的禁止和限制目录，有序清退区域性专业市场等物流行业，稳妥推进向外区域疏解，给构建“高精尖”的经济结构提供空间。功能区累计腾退及取缔低级次产业企业（市场）87 个，清理流动人口 6.4 万人，拆除建筑面积 108 万平方米，预计建成后可形成产业空间 300 万平方米，实现了“腾笼换鸟”。已吸引 180 余家高新企业入驻，每年预计形成总收入 600 亿元。截至 2014 年年底，来广营朝来高科技产业园正式开园，大众中国体验中心、宝信集团北区结算中心等 4 个项目预计 2015 年全部建成，崔各庄大望京累计吸引浦项制铁、韩国大宇、绿地等 50 余家知名企业入驻。

五是“高精尖”集聚态势明显，科技招商成果突出。在巩固传统产业和重点产业支撑作用的基础上，大力发展新一代移动通信、互联网金融、新能源汽车等战略性新兴产业和生活型服务业，全力以赴稳增长、调结构、促转型。截至 2014 年年底，园区共有亿元企业 206 家（其中百亿元企业 5 家，十亿元企业 36 家），“瞪羚计划”重点培育企业 62 家，“十百千工程”重点培育企业 33 家。

（三）项目建设和招商引资情况

东区、西区、北区、健翔、大望京总建设量 2257 万平方米，截至 2014 年年底，建成 1128 万平方米，在建 168 万平方米，待建 961 万平方米，为电子城产业聚集和项目落地拓宽了发展空间。目前，西区爱立信二期、默沙东、时代凌宇、A6 项目、大望京 1～6 号地等 10 个项目正在加紧建设中。东区国际电子总部 4 号地、5 号地，京东方 C3、C4 研发中心，西区 A10-1、A10-2 等 16 个地块正在办理前期手续，拟于近期开工。实现东区、西区、北区、健翔、大望京一体化发展。

电子城拥有以电子信息为主的多个领域高新技术产业，产业基础资源雄厚，其电子信息、新能源、先进制造技术领域的产业规模占电子城的 80%，初步形成了产业集群效应，具有发展楼宇经济的良好环境。近两年来，电子城通过宣传北京市、朝阳区、中关村各类政策，特别是中关村“1+6”政策，吸引规模大、功能强、贡献多的战略性新兴产业企业入驻。东方园林、奇虎 360、霍尼韦尔、默沙东、奥迪、联发科技等总部先后正式入驻电子城。携程网、太极计算机、中材、和运集团、神州通、阿里巴巴等签署落户协议。此外，浦项、大宇、绿地集团能源总部、保利集团等重点项目也将入驻园区。2014 年全年园区新落户企业 1298 家，累积注册资本金超 125 亿元，包括特斯拉、泰科投资两家世界 500 强企业，陌陌信息、电广传媒等 33 家亿元以上企业，卓越晨星、华茂云天等 253 家千万元以上企业，新文化传媒 1 家上市公司，以及人人网、特斯拉等国内外知名企业总部。从所属产业类型看，高新技术和文化创意产业企业占比 67.1%，其余为金融、商务服务等产业。一个由总部经济为核心的产业聚集区已初步形成。

（四）下一步发展思路

在习近平总书记提出的“调整疏解非首都核心功能”、“推动京津冀协同发展”的大背景下，电子城将以“创新驱动”为核心，继续发挥中关村的引领示范作用，着力提升电子城总部经济集聚区的影响力。

一是加大科技招商。进一步加强与部门街乡在规划、建设、服务等方面的衔接落实，深化与园区企业在政策、资金、人才等要素的集成运用。以重点功能产业园招商引资工作站为载体，搭建在线交流平台，做好产业监测分析，动态跟踪楼宇空置情况，科学预判税收贡献变化，全面了解入驻企业和空间资源，重点引进符合园区产业功能定位、位于产业链高端、高成长性的企业总部落户。发展以三新产业为主的战略性新兴产业，引领创新驱动、绿色低碳的产业发展模式。

二是加强政策落实。围绕首都建设全国科技创新中心，积极培育和发展科技市场，帮助企业用足用好中关村“1+6”、新四条、科技金融、技术创新、产业发展、创业服务等政策，充分调动各类创新主体的积极性，形成创新合力，鼓励院企合作、校企合作共建研发机构，支持领军企业、联盟协会共建公共服务平台，鼓励创新性和专业性孵化器发展，加快人才、资本、要素向朝阳聚集，提升科技创新优势。

三是加快园区建设。推动普天创新园二期、京东方 C3、C4 研发楼手续办理，加快 A10-1、A10-2、国际电子总部 4 号地、5 号地项目建设。力争北区一期部分地块完成土地出让。默沙东、时代凌宇、爱立信二期交付使用，启动 E5 三期项目建设。大望京地标性建筑——北京绿地中心塔冠结构封顶，浦项中心、保利国际广场、绿地中心 1、2、3 号楼交付使用。完成将台路拓宽改造， 798 过街通道和驼房营路、万红路附属设施建设。

四是做好企业服务。开展业务培训、专场招聘、工商年检、银企对接会。加强企业走访，积极做好国家高新技术企业初次认定及复审工作，加快村高新技术企业认定工作，鼓励企业入园入统。启动法律服务外包工作，深化行政审批绿色通道。

下一步，管委会将抓住政策机遇，全速推进开发建设，全力提升环境质量，全面加快选商引资，全心做好企业服务，确保总收入突破 4200 亿元，引进 15 家有影响力、符合产业功能定位的企业落户，把中关村建设成为具有全球影响力的科技创新中心和高技术产业基地（注：2014 年 1 月，经区政府批准，在电子城管委会的基础上成立朝阳园管委会，在朝阳园管委会上加挂“电子城管委会”的牌子）。

六、中关村科技园区丰台园

中关村科技园区丰台园（以下简称“丰台园”）于 1992 年正式启动建设，是中关村国家自主创新示范区最早的“一区三园”之一。经过 20 余年的发展，丰台园已经成为丰台区最核心的经济增长极、首都重要的产业功能区和高技术创新基地、全国知名的央企和民企总部经济聚集区。未来，丰台园将加快转变经济发展方式，致力于打造全球影响力的高端制造业创新中心、全国总部经济引领区、首都城南发展的样板区和丰台经济发展的主引擎。

（一）空间布局

扩区前，丰台园在空间上由东区、西区和科技一条街（“两区一街”）

构成，共计 8.18 平方千米。其中，东区位于永定河以东，西南四环金角，面积 4.01 平方千米，根据开发建设的时序，分为东区一期、二期、三期；西区 4.17 平方千米，位于北京永定河生态发展带以西，毗邻园博园；科技一条街位于西四环南段，全长 12 千米，以北京国际企业孵化中心（IBI）为品牌，由 15 个孵化器分中心、19 栋孵化楼、25 万平方米的孵化器网络构成，是中小科技企业创新成长的重要基地。

根据《国务院关于同意调整中关村国家自主创新示范区空间规模和布局的批复》，丰台园的面积由 8.18 平方千米扩展到 17.63 平方千米，新纳入政策体系的包括丽泽商务区、永定河文化创意产业聚集区（南区和北区）、首钢动漫城、二七车辆厂、二七机车厂、应急救援科技创新园 7 个区域。

建成区——东区一期、二期共计 2.89 平方千米，建筑规模超过 300 万平方米，以总部基地、总部国际、总部基地金融港、汉威广场、航天海鹰产业园、国美商都等重点项目为依托，形成了全国知名的总部经济示范区，是丰台园产业和企业聚集区。图 4.3 所示为东区二期全景图，图 4.4 所示为总部基地商业楼宇效果图。

图 4.3　东区二期全景图

图 4.4　总部基地商业楼宇效果图

在建区——东区三期规划面积 1.81 平方千米，是四环沿线最后一片成规模待开发的产业用地，建筑规模将超过 300 万平方米。目前，在建的重大项目主要包括中铁诺德（已建成）、三洲能源科技中心（已建成）、华电产业园（已建成）专利技术研发中心、海格通信导航园（已开工）、华夏幸福商务区（已开工）、中国通号科技研发中心（一期已完成）、东旭光电产业园等。在功能定位上，以樊羊路为界，樊羊路以东重点打造新一代信息技术产业集群，樊羊路以西重点发展高端现代服务业，打造高端活力商业带，着重完善东区整体商业、商务配套。上述两个区域共同作为总部基地 3.0 的重要支撑。图 4.5 所示为总部基地 3.0——商业广场，图 4.6 所示为总部基地 3.0——文化景观轴。

图 4.5　总部基地 3.0——商业广场

图 4.6　总部基地 3.0——文化景观轴

待建区——丰台园西区作为长辛店生态城的核心价值区，遵循生态学原理和生态经济规律，着力培育天蓝、水清、地绿、景美的生态景观，孵化经济高效、环境和谐、社会适用的生态产业，引导整体、协同、自生、开放的生态文明，建设人与自然和谐共处的、殷实、健康和文明向上的生态社区，努力将自然之美与人文之美相结合、产业园区与商务氛围相结合、科技创新与低碳生活相结合、区域提升与辐射带动相结合，从而实现区域经济效益、社会效益、生态效益的可持续发展和高度统一。长辛店生态城获得了中华人民共和国住房和城在乡建设部的同意批复，成为了北京市首批绿色生态示范区。长辛店生态城的建设不仅仅是贯彻落实国家与北京市生态城市发展战略的典范，还将成为示范。它的研究规划、实践创新都将发挥重要的示范带动作用。生态城中的园博园生动诠释了人文北京、科技北京、绿色北京的发展理念，成为继奥林匹克森林公园后，北京又一个大型绿色生态休闲地，成为河西生态区的有力承载和永定河流域的生态示范。

在加快京津冀协同发展的背景下，保定市与丰台区签订关于推动产业园区合作共建的框架协议，并完成涉及园区合作、市场类、生产类等 14 个项目（总投资达 1045 亿元）的签约。保定市政府和园区就共建园区产业布局、发展定位、优惠政策等事宜进行多次磋商，推进共建园区项目具体实施。下一步，园区与保定市将积极推进由政府组织引导，以企业、园区为合作主体的共建共享新模式。加快编制园区产业和空间发展规划，携手开展招商、合作融资，共同参与园区建设和管理，全力打造京津冀区域产业合作的先行先试示范区。

在国际化方面，丰台园也实现新的突破。一是启动石墨烯国际合作项目。联合中伦国际、英国布鲁内尔大学等国内外数十家知名团队共同合作，启动了“战略性新材料国际合作项目”，这也是北京市首个以石墨烯新材料为关键技术的国际合作项目，以此为突破口，园区将形成一批国际高端的重大应用技术和成果，进而整合园区内的新材料企业，促进关联资源融合发展，构建以石墨烯及炭材料产业链为龙头的多系列产业链，搭建具有“全球领导力、国内领先”的战略性新材料产业集聚平台。启动了“3D 技术打印石墨烯赛车”、“高档汽车石墨火花塞”两个高端应用项目研发。二是规划实施与国际接轨。为保证西区 I 生态指标落地，园区先后和芬兰、丹麦等国家进行交流沟通，就土地利用、能源利用、绿色建筑、绿色交通、生态水系统和废弃物利用等合作进行了广泛的探讨，提出具体的对接方向，包括分布式能源中心，光伏发电、屋顶绿化和垃圾分类回收系统等，建立后续工作的对接机制。三是与我国台湾地区签署共同合作孵化意向书，有助于构建两岸创业孵化环境，促进两岸孵化器的沟通与交流，以及两岸企业的合作与落地。

（二）总部企业发展情况

目前，丰台园已入驻企业 5000 余家，其中，国家级高新技术企业 463 家，聚集了央企一级和二级企业总部 83 家、上市公司总部 28 家、跨国公司地区总部 2 家，形成了中央企业、上市公司和地方企业三大总部群。2014 年，丰台园区实现技工贸总收入 3600 亿元，同比增长 8.8%，位居中关村一区十六园前列。产业发展主要呈现以下特点。

一是总部效应日益凸显。2002 年在全国率先提出发展总部经济的概念，打造了总部基地品牌，形成了以企业决策管理中心、科技研发中心、财务结算中心、资本运营中心和市场营销中心五大中心为特征的总部经济；集成了以服务总部企业为核心的促进总部经济发展的政策体系；构建了以总部文化论坛、总部广场等为平台的总部文化体系；汇聚了中铁电气化局、北京全路通、航天科工、建龙钢铁等400余家总部型企业。在总部效应的带动下，丰台园已经成为国内知名央企、民企战略布局的重要载体。

二是创新要素加速汇聚。这主要体现在四个方面。第一是研发机构聚集成势。现有国家级企业技术中心3家，市级企业技术中心31家，国家级工程技术研究中心1家；北京市工程技术研究中心5家；北京市专利示范单位7家、北京市专利试点单位190家；设立博士后科研工作站12个，院士专家工作站9个；15项科研成果获得国家科技进步奖；60项产品认定为国家重点新产品；32项产品入选国家火炬计划；38项科技成果获北京市科学技术奖；39家企业入选中关村“十百千工程”；专利申请量7655项，授权4076项。第二是科技创新成果显著。拥有专利授权2825项，15项科研成果获得国家科技进步奖，44项产品入选国家火炬计划。第三是发展环境不断优化。形成了人才引进、产业促进、科技创新等一系列政策体系。第四是创新人才方面，科技人员占从业人员的13.3%，拥有硕士和博士以上学历5000人。

三是产业集群特色明显。丰台园以总部经济为特色，打造了军民融合、轨道交通、应急救援和节能环保等特色产业集群。第一是轨道交通产业。丰台园轨道交通产业基础好，发展势头足，近年来，平均增速高达38%，税收增长达41%，产值占全市60%，拥有“国家新型工业化产业示范基地”和“国家轨道交通高新技术产业化基地”两个国家级的产业基地，完成“轨道交通安全控制系统产业基地”项目落地，加快中国通号集团、北京交控科技通信和信号控制产业园建设，进一步强化轨道交通产业的集群优势。第二是军民融合产业。丰台素有“军工摇篮”的美誉，初步统计，目前拥有国防科研院所27所，具有国内外先进水平的军工重点试验项目达到百余项，两院院士 20 余人，军民两用技术交易活跃，是国家航空航天和兵器工业的重要科研生产基地。经过近几年的发展，丰台园军民融合产业已经在军民两用航空航天、卫星应用、信息技术三个领域形成了一定的产业链条。航空航天方面，航天海鹰集团、航天科工等一批航天应用技术企业，已经成为北京市航天系统单位“军转民”方面的知名企业；卫星应用方面，园区先后引进了北斗卫星导航技术、北斗卫星健康科技等多家企业，在“北斗”卫星应用领域，已经初步形成产业聚集效应；在信息技术方面，园区的元六鸿远、阳光凯讯等民营企业，积极参与国内的军工科研生产，在电子元器件、集成电路等行业，成为了中关村“民参军”方面的重点企业。

四是应急救援产业。丰台是国内最早提出发展应急救援产业的区域之一，第一是与中国新兴际华集团合作，以北京三兴汽车厂为基地，在丰台打造国内首个“应急救援创新园”，成立了国内第一个应急救援产业联盟——应急救援产业技术创新战略联盟，同时在丰台区大灰厂着手建设“应急救援产业园”，重点推进应急救援技术成果转化工作；第二是引进和培育了一批应急救援重点企业，使丰台科技园在应急救援产业中的装备研发、通信指挥、医疗服务、灾害监测等领域已经初步形成了产业规模。

（三）丰台园发展历程

回望过去 20 余年的发展，丰台园的发展不仅是丰台区发展转型升级的内在需要，更是顺应了首都经济发展的战略转型、功能完善的升级调整、城市扩张的空间拓展等的发展趋势，紧紧抓住了中国经济高速增长的宏观有利周期，依托自身空间、成本等自身禀赋优势，形成了支撑丰台经济社会发展最重要的增长极。

第一阶段是园区初创时期（1991—2001 年）。20 世纪 90 年代初期，首都经济经历了近 10 年去重工业化的艰难结构调整转型，重新确立了以高新技术产业为先导、以服务业经济为核心的经济发展新方向。以国务院批复《北京市新技术产业开发试验区暂行条例》和中关村科技园区成立为契机，丰台高举火炬计划的大旗，于 1991 年 11 月正式启动建设丰台科技园，并于 1994 年 4 月进入国家高新区行列，成为中关村科技园区最早的三个园区之一。

第二阶段是园区的总部经济转型期（2002—2013 年）。10 年前，为突破科技园区同质化发展的困境，园区抓住了中国加入 WTO、首都服务业快速升级发展的机遇，率先提出总部经济的理念，打造总部基地的品牌，使园区由原来的科技工业园成功转型为全国知名的总部经济区，北京市重要的高新技术产业基地和丰台区核心的城市经济功能区。

园区的建设发展毫无疑问是过去 20 年推动丰台经济社会快速发展的最主要的动力来源，对丰台区整体发展具有重大的现实支撑和历史意义。

1. 丰台科技园的建设拉开了丰台产业结构升级的序幕

20 世纪 90 年代初期，丰台区三次产业结构为 9.1∶41.2∶49.7[①]，经济发展仍处于工业化阶段，工业发展依然是支撑经济增长的重要动力。丰台科技园区的建设特别是 1994 年加入国家高新区之后，高新技术企业的入驻极大地带动了区域传统产业的升级，科技对经济的推动作用显著增强，高新技术产业逐步成为丰台经济发展的支柱产业。随着高新技术产业的快速发展，以及改革开放的进一步深化，丰台服务业也逐步迈入高速发展的通道，丰台区产业结构升级的序幕就此拉开，逐步从工业化经济步入现代服务业经济，截至 2014 年，丰台服务业比重已经达到 78%。

2. 丰台园的建设搭建了城市发展格局跃升的平台

一直以来，丰台作为京南门户、城南腹地，在服务首都北京的快速发展中，承担了大量现代城市的基础与保障功能，成为重大交通枢纽设施的承载地，航天军工、大型央企的聚集地，为首都经济社会发展提供了坚强支撑、做出了重大贡献。随着首都向现代服务综合城市的升级，

① 丰台区 1994 年国民经济和社会发展公报数据。

丰台原有的产业基础已经难以形成与首都发展相呼应的匹配节点。丰台园的建设与发展，不仅在高新技术产业的发展上形成了与中关村的支撑，同时弥补了首都南部地区增长极的缺失，再次使丰台成为首都南城战略不可忽视的重要节点，为丰台在新一轮首都城市空间格局调整中占据有利位置搭建了区域跃升的平台。

3．丰台园的建设打造了丰台科技创新的区域品牌

园区成立之初，围绕“科教兴丰”战略的实施，一方面发挥丰台科研单位、大型央企和军工企业的创新资源优势，积极参与星火计划、火炬计划等国家重点项目的研发；另一方面积极引进高新技术企业资源，逐步提升市场化的创新孵化能力，逐步构建了丰台园区多元化的科技创新发展格局。科技园区的建设促进了丰台创新资源的潜力释放和整合利用，同时随着“总部基地”这一发展定位的确立，丰台园区以科技创新为特色的高新技术总部经济集聚区的区域品牌逐步被市场认可，打造了丰台区过去 20 年以来最具特色的区域品牌形象，同时也为下一步区域经济发展方式转型与创新驱动力的构建打下了坚实的基础。

4．丰台园的建设提升了丰台经济发展的承载环境

丰台园的开发建设也是丰台区城市空间规模开发的关键阶段。按照 1994 版北京城市规划，丰台作为北京主要的城乡结合部区域，大部分区域属于城市近郊。丰台园区就是在以农村地区为主、基础设施建设十分薄弱的区域通过不懈的努力逐步建设起来的，在丰台区空间提升进程中起到了重要的带动作用，尤其是 2004 版北京城市总体规划将河东地区纳入中心城区以来，园区的开发建设带动了周边区域基础设施、城市环境的提升，成为全区城市化建设的样板，形成了“两区一街”的空间格局，完成了 500 万平方米产业基地的建设，为产业发展提供了良好的空间环境，极大地改善了丰台经济发展的硬件环境，提升了与周边区县的竞争能力。

5. 丰台园的建设形成了丰台区快速增长的推动器

园区自成立以来，依托中国经济快速增长的宏观周期，紧紧抓住北京市区工业化阶段向高新技术产业和服务业的转型的机遇，依托高新技术产业园区的政策优势、自身的空间和成本优势，通过市场化的运营方式，推动了高新技术企业的集聚，带动传统产业的升级改造，同时促进区域现代服务业的发展。20 年来，园区通过空间的持续开发带动了投资的快速增长，通过招商引资推动了区域创新资源、总部企业的集聚，通过不断完善政策体系与提升服务水平营造了良好的市场氛围，加速了丰台从工业化经济向服务业经济的跨越升级，成为区域经济最重要的增长支撑点和发展推动器。

（四）支撑丰台园发展的动力机制

1. 从园区发展的宏观环境来看，房地产扩张周期内的地产开发动力配合市场化的商业开发机制，形成了园区总部基地建设的市场动力

首先，首都房地产开发急速扩张的周期，为园区特别是总部基地的开发建设提供了良好的宏观市场环境。通过研究北京市经济发展的历史数据，可以看到，1995 年之后首都以工业化为动力的进程基本结束，城市化加速带动的房地产投资取代工业投资成为增长的主动力，城市化进程与住房体制改革的两个因素的叠加，推动了 2001 年以来房地产开发的爆发式增长，首都迎来了房地产开发的黄金十年。经历了第一个十年的发展积累，园区 2002 年以总部经济为主题的空间开发，在首都房地产投资的膨胀周期内，为园区的开发建设升级提供了巨大的市场空间和宽松的宏观政策环境。

其次，总部基地市场化的开发运营模式加速了园区开发建设的进程。园区东区二期的开发建设不再坚持第一阶段以政府为主的开发模式，而是采用以企业为主体的投资开发模式，由丰台园科技开发建设有限公司与中关村丰台园道丰科技商务园建设发展有限公司负责“中关村（丰台）总部基地”的房屋开发、建设、出租、出售等，且整个项目的运行

从酝酿、规划、论证、定位、运作均由英国道丰国际集团主持，招商引资主要采用统一规划、统一设计、统一建设的方式，再统一招商出售给进驻园区的企业，完全市场化的运作使园区在开发之初充分考虑了企业的发展需求，为后续企业的成功引进提供了良好的基础。同时，市场化的项目运作降低了区域政府的开发投入，突破了丰台区区域财力的限制条件，大大加速了园区的开发建设进程。

最后，房地产开发红利为园区基础设施建设和配套环境打造提供了资金保障。园区总部基地开发建设过程也是北京市房地产市场初步爆发的阶段，房地产开发一方面带动了区域投资的增长，形成了对区域经济增长的拉动，同时房地产开发带动的土地收益和房地产销售的税收收入，形成了对区域财政收入增长的支撑，为园区周边基础设施建设、配套环境打造和产业发展引导提供了资金保障。

2．从首都城市空间发展格局来看，城市扩张动力叠加丰台成本比较优势，形成了园区吸引发展资源的集聚动力

首先，首都城市发展重心向拓展区的转移为园区承接高端产业资源扩散提供了机遇。随着2004年《北京城市总体规划》的修编完成，首都城市发展的重心将逐步由重心城区向丰台、朝阳、海淀、石景山四大城市拓展区转移。第一，城市扩张的动力首先带动了城市产业资源的扩散，“首都经济战略”主导的高新技术与现代服务业升级扩张围绕新兴功能区域的开发形成了新的集聚；第二，城市扩张带动了投资热点的转移，政府基础设施建设的资金投入重点，以及市场化的投资逐步向城市发展的热点开发区域聚焦；第三，伴随而来的城市人口纾解和公共服务的重点布局，促进了区域人口结构与生活服务品质的改善，为高端资源的承接提供了有力的配套环境。园区的建设紧紧抓住了城市扩张中的资源重新配置的机遇，以优质的、规模化的空间建设实现了发展资源的承接。

其次，城市功能的完善与补充为园区总部基地的发展提供了条件。

1997 年，北京提出了“首都经济”的战略，将首都服务功能与经济建设有机结合起来。一方面，在筹办奥运会、深化经济体制改革的推动下，北京加快了加快开放型、服务型、科技型、文化型经济的发展，城市功能链在横向和纵向两个方向上不断延展和丰富，对功能承载提出新的需求，为区域经济的发展带来新的机遇和可能。逐步走向国际化都市的北京随着跨国企业开发中国市场的进程、民营企业品牌化发展的进程、中小企业蓬勃发展的进程，企业总部加速向北京集聚，作为服务业经济的高级形态的总部经济开始展露雏形，在此情况下，园区率先提出“总部经济”的发展理念，得到了市场的广泛影响，形成了独树一帜的定位优势。

最后，丰台的综合成本比较优势形成了对成长型企业总部集聚的吸引力。相比于同一时期快速建设中的朝阳 CBD 功能区、西城金融街和海淀中关村，丰台区在产业发展的综合实力上具有一定差距，但是相比于顺义临空经济区、亦庄经济技术开发区，总部基地在地理位置、承载环境等方面又具有一定的优势，综合的成本比较优势使园区形成了对成本敏感、希望靠近市场、急需提升企业形象的快速成长型企业的总部选址的吸引，恰当的园区定位为企业资源的集聚提供了良好的条件。

3．从丰台自身发展历程来看，区域经济产业升级的需求与驻区优势企业资源的内在升级动力，形成了丰台园对区域资源整合利用的升级动力

首先，随着首都经济战略的转型，产业结构升级的需求日益强烈。20 世纪 90 年代末期，北京经过 10 多年的战略调整基本完成了由重型工业化城市向现代综合服务中心城市转化的进程，迈入了以现代高端服务业为核心、科技创新为动力、经济节点功能为特征的国际化都市为目标的全新阶段。与此同时，1998 年丰台区第三产业在 GDP 中的占比首次超过 60%，以服务业为主导的产业格局初步形成，但是产业发展的整体水平仍亟待提升。在 2000 年前后北京功能格局进行重大调整的关键时期，园区毫无疑问成为区域争取高端发展定位、构建核心功能优势、集聚高端产业资源的最重要的发展承载。

其次，丰台区内原有的央企和国企资源就地改造升级的需求形成了对总部经济发展的内在支撑。经过20世纪90年代中国经济飞速发展的积累，进入21世纪的中国企业开始在全球化分工中重新确立自身的发展定位。丰台区内原有的大型央企、军工企业通过市场化的改革，逐步完成了向独立市场主体的转变。随着企业发展转型与业务的升级，原有的办公环境越来越难以满足企业业务扩张与形象升级的需求，对丰台区新兴产业承载空间提出了新的发展要求。由于历史原因，地处城南的丰台区基础设施环境相对薄弱，高品质的商务楼宇十分缺乏，这为丰台总部基地的建设和发展提供了内在的需求支撑。

七、北京临空经济核心区[①]

（一）基本情况

为落实区域发展定位，形成打造首都国际航空中心核心区的整体合力，顺义区委、区政府锐意进取、科学决策，于2013年11月9日，在区委常委会上，审议通过组建北京临空经济核心区方案，以空港经济开发区、空港物流基地和国门商务区为基础，进行区域功能整合，从而实现集中负责与首都国际机场和天竺综合保税区等功能依托方的合作对接。

1. 空间布局

核心区总体规划面积约170平方千米，北以六环路为界，南以机场南线高速和京平高速为界，西以京承高速和温榆河为界，东以六环路和潮白河保护绿带为界，按照“整体规划、分步实施”的原则完成组建。首期规划面积约56平方千米（含首都机场27平方千米），包括原空港开发区、原空港物流基地和原国门商务区3个经济功能区。按照规划先行、集约高效的思路，核心区已启动总体规划、空间布局规划、土地利用规

① 原天竺空港经济开发区和国门商务区。

划、产业发展规划等规划的编制工作。

2. 产业概况

组建后的核心区，叠加集成首都机场、天竺综合保税区、中关村国家自主创新示范区资源政策优势，大力发展航空运输、保税物流、总部商务、产业金融、文化创意、商务会展等国际化、高端化的临空型现代服务业，积极培育壮大战略性新兴产业，逐步实现“开放功能充分发挥、高端产业聚集和创新发展、城市功能建设水平全面提升、‘临空服务’品牌全方位塑造”的目标。

截至2014年年底，核心区已入驻企业2000余家，包括总部企业133家、跨国公司100余家。汇集了以首都机场、国航股份、空中客车、顺丰速运等为代表的航空类企业；以天地图、安泰科技、科园信海、迈恩德等为代表的战略性新兴产业；以华夏基金、国开创新资本等为代表的产业金融类企业；以雅昌彩印、长城华冠、新国展等为代表的文化创意类企业；以中邮时代、日上免税、中粮地产等为代表的商贸服务类企业。

2014年，临空经济核心区实现税收收入82.5亿元，同比增长26%，占顺义区的12%；实现公共财政预算收入24亿元，同比增长17%，占顺义区的22%；实现收入1952.8亿元，其中，133家总部企业实现收入1160.5亿元，占核心区总收入的60%。

3. 发展历史与集聚形成过程

（1）高效高质，快速完成机构组建

2014年1月14日，临空经济核心区工委会议讨论通过了管委会内设机构组建方案。3月25日，北京临空经济核心区工作委员会、北京临空经济核心区管理委员会取得北京市政府组建批复（京编委〔2014〕19号），统一领导核心区范围内的开发建设与产业发展。4月18日，北京临空经济核心区隆重揭牌。

（2）政企分开，管理体制科学顺畅

2014年年底，为更好地开展今后各项工作，使管委会的管理职能和开发公司的经营职能进一步明晰、效率进一步提升，核心区完成了管委会、开发公司的职能调整。调整后，管委会的管理职能和开发公司的经营职能得以充分发挥：管委会将为核心区经济发展提供更优质的服务和更科学的管理；开发公司依托核心区广阔的市场空间，独特的资源优势和良好的政策环境，打造更完善的综合服务平台。

（二）集聚区特点分析

经过科学整合，核心区已形成以航空及相关产业、战略性新兴产业、金融产业、商贸服务和文化创意为核心的五大产业。宝洁、德国邮政、美国强生、中石油、中国中铁、中远等26家世界500强在核心区内共投资了55个项目。核心区共有总部企业133家，其中华夏基金管理有限公司、中铁物总能源有限公司、北京首都机场广告有限公司及北京顺丰速运有限公司等13家企业纳入北京市重点总部企业名录（第一批），2014年，核心区总部企业实现收入1160.5亿元，占核心区总收入的60%。

一是航空及相关产业：核心区共有航空及相关产业企业300余家，2014年累计税收39亿元，同比增长29%，占核心区总税收的47%。国航、南航、东航、空客中国、北京飞机维修等航空总部发展迅猛，是推动首都临空经济发展的先锋力量。

二是金融产业：核心区共有金融产业类企业216家（其中，金融机构66家，投资公司150家），2014年累计税收39亿元，同比增长29%，占核心区总税收的47%。重点企业有华夏基金、国开资本、民生银行等。

三是战略新兴产业：核心区共有战略新兴产业企业486家，2014年累计实现税收16亿元，同比增长58%，占总税收的19%。重点企业有国测集团、天地图、安泰科技等。

四是商贸服务业：核心区共有电子商务、免税商店、特色餐饮、商业配套等商贸服务类企业 777 家，2014 年累计税收 6.5 亿元，占总税收的 8%。重点企业有日上免税行、中粮地产、万科物业等。

五是文化创意产业：核心区共有出版印刷、软件开发、影视传媒、会展广告等文化创意企业 230 余家，2014 年累计税收 1.3 亿元。重点企业有雅昌艺术、莱茵服装、易兰德印务、鼎视数字传媒等。

（三）集聚区政策与措施

1. 政策

核心区组建后，拥有中关村顺义园、国家地理信息科技产业园、首都产业金融中心、新型工业化产业示范基地等多个政策平台，实现了政策的集成和统筹，打破了过去政策单一、资源配置不平衡和内部无序竞争的局面，为下一步加快发展奠定了坚实的政策基础。

2. 措施

一是加大总部企业招引力度。鼓励三类总部型企业入区，使“头脑经济”聚焦空港、落户核心区。吸引跨国公司设立的研发中心、财务中心、技术服务中心和服务外包基地等，以及国内外其他航空公司的地区性总部。此外，积极吸引具有较强竞争力的全国性或地区性企业总部入驻，招商的重点是结算中心型企业总部。

二是保障总部企业发展空间。加快园区企业腾退步伐，系统梳理整合固有土地、项目资源，推进低质低效企业“新陈代谢”、“腾笼换鸟”，为优质总部项目落地提供空间支持；充分利用“空港企业园独栋写字楼聚集区”，为总部企业入驻核心区发展提供平台。

三是提升投资软硬环境。优化园区公共服务设施，完善金融机构、中介机构、教育及公寓等国际化服务配套设施，以适应总部企业新的需求与发展；搞好基础设施的改造升级工作，不断提升服务水平，以高效快捷的办事效率、热情周到的服务态度、专业细致的服务水准营造亲商发展环境。

四是完善发展平台建设。构建专业投融资平台，为总部企业的投资融资、资本运营、技术转化开辟顺畅途径；完善人才支持平台，加强人才服务机构建设，提升高端人才优惠政策水平；优化自主创新平台，依托商标战略建立科技创新服务支撑体系，汇聚创新资源推动总部企业研发中心建设。

五是构建良好的交通运输网络设施。核心区基础设施完备，区内实现“九通一平”标准。同时，交通路网发达，周边紧邻首都机场高速、机场第二高速、机场南线高速、六环路及机场东路等 7 条城市快速路，机场轻轨和规划中的 L1 号线、S6 支市郊铁路贯穿商务区，完善发达的立体网状交通系统确保核心区交通畅通快捷。

六是打造总部型专业化服务支撑体系。业务范围覆盖金融、保险、会展、商贸、航运、物流、旅游、法律、电子信息网络等诸多领域。

（四）集聚区典型案例

1．国家地理信息科技产业园项目

2010 年 11 月 28 日，国土资源部、国家测绘局、北京市政府高瞻远瞩、科学决策，在顺义区共同规划建设了国家地理信息科技产业园。产业园总占地面约 2415 亩，规划建筑面积约 270 万平方米，总投资额约 300 亿元，现已完成建筑面积 205 万平方米，其中一期工程占地 1181 亩、二期工程占地 1234 亩。经过 4 年的建设与发展，产业聚集效应不断增强。订购产业园楼宇企业已达 25 家，包括：国家地理信息公共服务平台公众版——“天地图”公司，中国领先的数字地图、导航和位置服务解决方案提供商——高德软件公司。截至 2014 年年底，产业园内累计完成注册企业达到 25 家，包括北京国测国际会议中心有限公司、九成空间科技有限公司、北京鹭金科技发展有限公司、中国黄金集团贸易有限公司、正元地理信息工程有限责任公司、天范文化发展有限公司、北京国测卫星数据服务有限公司，累计注册资金约15亿元。我国首个国家级地理信息产业航母已经初具规模，正在加快形成。

2014年1月22日，国务院办公厅印发了《关于促进地理信息产业发展的意见》，进一步明确了将地理信息产业作为战略性新兴产业，并提出了一系列培育和扶持的相关意见和政策，为产业发展吹响了嘹亮的号角，也势必为产业园发展壮大提供广阔的空间。

2．空中客车公司项目

空中客车公司是业界领先的飞机制造商，以技术领先地位和制造效率跻身行业前沿，牢固地掌握着全球约一半的民用飞机订单。空中客车公司已在原空港开发区设立了北京代表处及多家公司，包括空中客车（中国）企业管理服务有限公司、空客（北京）工程技术中心有限公司、华欧航空培训支援中心。其中，空中客车（中国）企业管理服务有限公司入驻园区以来累计贡献税收约3.3亿元，是航空类企业的代表，被北京市商委认定为跨国公司在京地区总部。原空港开发区致力于为总部企业营造良好发展环境，被认定为“总部经济聚集区”后加大力度发展总部经济，支持总部企业不断提升发展能级。空客公司计划将其他区域的公司统一迁至原空港开发区，升级北京地区总部为全国总部。根据北京市商委出台的政策，总部升级后将享受更多的资金奖励和优惠政策。

第二部分　总部经济发展新区

八、雁栖经济开发区

（一）基本情况

雁栖经济开发区位于北京市怀柔区，成立于1992年，坐落于长城脚下、雁栖湖畔，距怀柔城区5千米。

雁栖经济开发区于2000年被北京市政府批准为市级工业开发区，目前总规划面积15.035平方千米，是北京市保留的16家市级开发区之一。2012年2月被北京市经济和信息化委员会批准为“市级生态工业示范园”；2012年8月被北京市商务委员会员会认定为“第一批北京市外贸转型升级专业型示范基地”。2012年10月13日，雁栖开发区正式纳入中关村“一区十六园”，入驻北京雁栖经济开发区主园区的企业，均可享受中关村“1+6”先行先试政策的支持，同时分享中关村科技园区在信息、资金、技术、人才等方面的优势资源。

2013年6月，北京雁栖经济开发区成功获批全市首批认定的4个“北京市总部经济发展新区”之一。根据相关政策，北京市总部经济发展新区内的总部企业将在享受市级各项奖励、补助政策外，还优先享受各项个性化的服务，并陆续出台配套扶持政策，进一步加快怀柔区总部经济发展。

雁栖经济开发区市政基础设施已全面实现道路、供电、供热、天然气、给水、排水、排污、通信、有线电视、宽带（含无线网络覆盖）及场地自然平整，即“十通一平”。现有入区企业300余家，来自17个国家和地区，包括中科合成油、碧水源、有研粉末、玛氏、红牛、奥瑞金等一大批知名企业。

雁栖经济开发区根据产业规划，由科技服务产业园、纳米科技产业园、数字信息产业园和都市产业园构成，形成四大特色产业园区。

科技服务产业园以中科院北京怀柔科教产业园为基础，大力发展研发和设计服务、创业及产业化服务、科技咨询服务。中科院北京怀柔科教产业园于2009年6月12日揭牌，由中科院与北京市共建，是中科院在北京市的第三个重要的综合性科技园区，以建设“北京创新城”为建设目标，重点建设教育基地、科研转化基地和北京综合研究中心。①教育基地即中国科学院大学，位于怀柔区怀北镇，毗邻雁栖经济开发区北部，占地 1300 亩，总建筑规模 34 万平方米，总投资 18.6 亿元。建成后每年有 1 万余名研究生、博士、专家学者在此工作、学习。一期工程共 18 万平方米，于 2013 年建成投入使用，全部工程于 2014 年竣工。②科研与转化基地主要位于雁栖经济开发区南部，先期规划土地 1000 亩，引进中科院相关科研单位的国家工程中心、实验室和产业转化项目落户。目前，已有中科院电子所、力学所、化学所、山西煤化所、网络中心、自动化所、理化所等 10 多个研究所 20 多个项目入驻，包括：中科合成油技术公司研发中心暨北京总部基地项目、化学所北京纳米材料绿色打印技术产业化基地项目、电子所国家重大工程项目研发基地项目、力学所钱学森国家工程科学实验基地项目、网络中心北京超级云计算中心项目、空间中心国家空间科学中心项目等。③北京综合研究中心主要承担国家“十二五”至“十三五”时期规划建设的部分大科学装置项目，主要有北京先进光源、物质科学综合极端条件设施和地球系统数值模拟装置 3 个大科学装置及若干依托大科学的研究中心，总建筑面积约 100 万平方米，预计总投资 75.7 亿元。

纳米科技产业园于 2012 年 4 月 21 日揭牌，是北京市科委与怀柔区政府共同建设的北京市唯一一家纳米产业园，2013 年 6 月被科技部认定为“北京国家纳米高新技术产业化基地”。纳米科技产业园致力于纳米科技在能源、电子、环境、生物医药四大领域的应用，并以下游应用带动上游纳米材料、纳米加工、纳米器件等产业链各环节，实现快速聚集发展，力争 5 年内聚集 30～50 家应用纳米技术的企业入驻园区，预计达产后可实现产值 120 亿元，成为国内重要的纳米科技研发生产基地。

数字信息产业园以中科院网络中心北京超级云计算中心为核心，吸引一批网络企业集聚。该区域以云计算、物联网、高端软件和信息服务、下一代互联网等重点领域为主，形成占地 1500 亩的互联网产业园区。

都市产业园位于开发区中部，以食品饮料、包装印刷等传统都市产业为主。玛氏、红牛、可口可乐、达能等世界知名食品饮料企业，以及波尔亚太、奥瑞金、太平洋制罐、中富等知名包装印刷企业均已入驻，形成华北地区最大的食品饮料和包装印刷产业聚集区。

“十二五”期间，雁栖开发区重点发展科技研发和高新技术产业，同时加大传统产业的资源整合，力争到“十二五”末，实现开发区园区经济总量达到 500 亿元，科技企业经济总量达到 300 亿元，税金达到 30 亿元。

（二）集聚区特点分析

1. 聚集区内生产型企业总部达到一定规模，已形成现代制造业总部基地

聚集区内 31 家总部企业，其中生产型企业总部 27 家，生产和研发、销售、结算、运营等总部职能在一起，现代制造业总部基地已基本形成并具备一定规模。2014 年，总部企业营业收入 523.8 亿元。

2. 总部企业行业特色鲜明，经济辐射带动能力强

聚集区内总部企业中，食品饮料及包装企业 10 家，汽车及零配件制造企业 7 家，科教研发企业 5 家，文化创意企业 1 家，其他制造业企业 8 家。食品饮料包装和汽车配件制造业为怀柔区支柱产业，龙头企业多，具有较强的经济辐射带动能力。其中，以玛氏、奥瑞金、红星、御食园等企业为龙头的食品饮料包装业总部企业税收 13 亿元，占雁栖经济开发区规模以上企业税收总额的 59.6%；以博萨汽车配件为龙头的汽车及配件制造业总部企业税收 2.7 亿元，占雁栖经济开发区规模以上企业税收总额的 12.4%。此外，科技研发及影视文化创意产业总部发展也已具备一定的基础和潜力。

目前，雁栖经济开发区作为中关村“一区十六园”之一，入驻科技研发企业享受中关村同等政策，已建成的中科院怀柔科教产业园内中科院已有 12 个研究所实现产业化，与北京市科委共建的北京纳米科技产业

园内已有首创纳米等10个产值过亿元的项目落户，这些科技研发产业龙头项目为引进和培育总部企业创造了良好的条件。北京有色金属研究总院怀柔基地、中科合成油、有研粉末新材料等高新技术企业总部已落户，以中影集团为龙头的影视企业总部带动影视文化创意总部集群发展，目前，中影股份有限公司总部年税收达 1.7 亿元。

3. 外资企业和国有企业总部经济贡献突出，民营企业总部发展潜力大

现有总部企业中，外资企业 9 家，国有控股企业 5 家，其余 17 家全部为民营企业。外资企业和国有企业总部规模和税收贡献突出。其中，外资企业和国有企业资产总额 40.6 亿元，占全部总部企业资产总额的65.4%；2012 年外资企业总部纳税 11.16 亿元，国有企业总部纳税 4.44亿元，分别占全部总部企业纳税的 65.6%和 26.1%。民营企业虽然税收贡献不大，仅占总部企业税收总额的 8.3%，但民营企业总部具有较强的发展后劲。御食园、火炬生地、奥康达等企业都是区内培育和发展起来的双自主企业，东明兴业科技、伟农生物科技、有研粉末新材料、康普锡威科技等一批民营科技研发企业总部也处于逐步发展阶段，未来民营企业总部将是怀柔引进、培育和发展的重点。

4. 具有较好的营商环境和综合配套设施

目前，雁栖经济开发区内已建成总建筑面积 3.2 万平米的万方研发服务中心，一期为总部企业提供餐饮、购物、娱乐、酒店、会展、会议中心、康体服务；制片人总部基地 2 万平米的商业配套设施正在建设中；与国奥集团和中实集团达成合作意向共同开发的影视产业核心区，将建成集影视文化、休闲旅游、总部经济于一体的新型社区；开发区周边有高档宾馆 30 多家，年接待游客和商务人士 700 多万人次；京北大世界、青春广场、雁栖小镇及广发证券、宏源证券等一大批商贸金融企业，形成了围绕总部企业的服务支撑体系。目前，雁栖经济开发区及周边有规模以上（年营业收入 500 万元以上）商务服务业企业 35 家，主要集中在

旅游会展、商务代理、信用、担保等商务服务业。

5. 具有培育总部企业的孵化器和预留空间，并针对性地引入企业

雁栖经济开发区内总建筑面积 4.5 万平米的万方研发服务中心二期项目，作为总部企业孵化器正在建设中；制片人总部基地项目内 20 万平方米的工作室为影视文化企业总部入驻提供了场所；对需要单独建设总部办公楼的企业，开发区内规划预留了产业用地，除为中科院国家大科学装置落地预留产业用地外，其他预存土地可以满足招引总部落地需求。怀柔区产业预留空间及地价相对市区及近郊有一定优势，自然和大气环境相对优越，适宜引进和发展民营企业总部、生产型企业总部，以及央企、国企、跨国公司地区研发中心、结算中心等部分职能机构。

6. 管理水平和公共服务体系完备

北京雁栖经济开发区是市政府批准的北京市级开发区，总规划面积 15.035 平方千米，目前已申报并正待批准升级为国家级经济开发区。开发区成立 20 年，具备了成熟的组织功能架构和较高的管理运行水平。目前，已建立了投融资服务平台、知识产权保护平台、促进产业发展政策平台等公共服务平台，能够定期掌握区域内产业发展情况，为总部企业提供全方位公共服务。

7. 制定了专门的招引总部企业和促进总部经济发展的政策

为促进总部经济发展，在北京市跨国公司在京设立地区总部政策出台后，怀柔区即制定出台了《怀柔区促进总部经济发展财政政策》，配套鼓励跨国公司总部在区内发展的同时，重点支持生产型企业总部和非跨国公司企业总部发展。2013 年初《怀柔区促进区域经济发展的若干政策》出台，进一步加大了对总部企业的支持力度。

8. 拥有区位优势和便捷交通

怀柔文化科技高端产业新区是北京市“十二五”时期重点发展的“六

高四新”之一，是唯一一个位于远郊区县的新区，具有发展总部经济的良好区位优势。北京雁栖湖生态发展示范区“国际会都”项目于 2014 年年底建成，进一步完善了北京城区到怀柔的交通网络，提升怀柔生态环境，使怀柔更具发展总部经济的交通和环境优势。

（三）集聚区政策与建设经验

1. 总体发展思路

发展总部经济，要坚持市场主导与政府扶持相结合，鼓励企业在竞争、合作和“走出去”中发展壮大；坚持总部经济发展与产业结构调整相结合，形成产业调整与总部经济联动发展、相互促进的新格局；坚持培育品牌与引进做强相结合，吸引国内外总部企业落户怀柔，引导具有发展潜力和竞争优势的企业扩大业务领域和辐射范围；坚持“引进来”与“走出去”相结合，鼓励现有企业向怀柔集中高端业务，构建生产型总部基地，实现区域协调发展。

（1）发展一批本区总部企业。对于符合怀柔产业发展方向、关联带动力强、发展层次高的本区企业，给予重点扶持，支持企业进一步做大做强，逐步将奥瑞金、同方泰德、中科合成油、红星、有研粉末、斯普乐、东明兴业、博萨汽车、联合荣大、世东凌云等一批处于行业领先地位的本区企业发展为重点总部企业。

（2）培育特色产业总部企业。按照“内强总部、外拓基地”的思路，重点培植御食园、红螺等特色产业民营企业总部，鼓励有实力的民营企业走出去，在外建设新的生产基地，而把研发、营销、人才、品牌等根植怀柔，内强总部，做强做大。充分发挥现代制造、高新技术、文化创意产业发展潜力，吸引、扶持和培育一批特色产业总部企业。以具有自主知识产权和国际知名品牌为重点，重点支持发展先进制造业和高新技术产业总部，以中影集团总部为龙头，大力引进影视文化创意和会展企业总部集聚。

（3）积极引进区域性总部和国内外集团总部。发挥现有企业落户优势，积极鼓励福田戴姆勒等龙头企业在外建立分支机构，设立区域性总部。鼓励现有外资企业在怀柔设立物流中心、采购中心、研发中心等专业职能型总部。发挥怀柔的环境资源、配套服务等方面的优势，鼓励和支持具有市场发展潜力、产业规模优势的大企业集团植根怀柔。

（4）加快建设总部经济聚集区。积极发挥政策导向作用，优化总部企业区域布局，形成高端服务业总部相对集中、高新技术产业总部和产业园区紧密结合的总部企业聚集区。强化总部企业与园区产业融合，在雁栖经济开发区内重点发展综合性总部及研发中心、物流配送中心等职能型总部，在雁栖经济开发区外主要发展专业化总部，强化金融、信息、中介、商贸、会展等服务功能。

2．完善政策措施，加大总部经济的扶持力度

（1）制定出台怀柔区促进总部经济发展的配套政策。结合怀柔区总部经济发展实际情况，制定出台《怀柔区贯彻落实北京市加快总部企业在京发展有关文件精神的实施办法》，为总部企业培育和发展提供更多优质服务。

（2）拓宽企业融资渠道。积极扶持企业上市，支持总部企业利用资本市场进行融资，区政府统筹协调有关部门解决企业在上市融资过程中的问题。帮助有融资需求的总部企业与金融机构和担保公司进行对接，引导金融机构、担保机构实现对总部企业的更大支持。

（3）支持和鼓励总部企业引进人才。总部企业办理人才调动等手续时，对资料齐全的做到随到随办；总部企业在人才市场招聘人才时，优先为他们提供招聘地及网上信息公布，并协助做好人才招聘活动；协调帮助总部企业高级管理人员子女入托、入中小学事宜。在认定的总部企业中，其年纳税额的地方分成部分增长幅度达到规定标准的，协调其办理高管子女进名校事宜。

（4）实施名牌带动战略。鼓励发展科技研发、汽车配件、食品饮料等较成熟产业集群打造区域品牌，鼓励行业中拥有自主品牌和自主知识产权的企业集体参加国际展会，提升在国际市场上的整体形象和实力，增强对跨国公司的吸引力。

3. 提供便利措施，为总部企业提供优质高效服务

（1）加强政府与总部企业的沟通。建立总部企业对口管理服务制度，加强对总部企业及重大项目的跟踪服务。怀柔区经信委、区商务委、区科委、区文委、区旅游委、区文促中心、雁栖经济开发区等部门按总部企业所属行业及属地加强与总部企业的联系，定期举办各种互动活动，及时了解掌握总部企业需求，帮助解决实际问题，如遇重大问题，提交怀柔区促进总部经济发展工作领导小组召开联席会议协调解决。

（2）简化行政审批手续和程序。经认定的总部企业纳入区政府行政审批绿色通道，重大产业项目享受区重大项目“一站式”服务。

4. 加强统筹协调，完善发展总部经济工作机制

（1）成立怀柔区总部经济发展领导小组。领导小组由常务副区长任组长，主管副区长任副组长，区发展改革委、区商务委、区经信委、区财政局、区人力社保局、区统计局、区投促局、北京雁栖经济开发区等部门主要领导为成员，负责统筹协调本区总部经济发展进程中的政策、服务等方面的重大问题及在怀总部企业的奖励资金管理审定等工作。领导小组办公室设在区商务委，承担企业总部的申报审核及其他日常工作。

（2）加强总部经济运行分析和监管。根据现有土地资源调查情况，全面掌握全区总部经济、土地资源、楼宇经济发展及载体情况，做到真实、完善、准确，为总部招商提供准确依据。建立《怀柔区总部企业名录》，区工商局、税务局、统计局、区经信委在各专业已有名录库中增加总部企业标识，建立总部企业名录信息库，并及时做好更新维护工作，定期反馈总部企业的相关经济指标，为动态掌握总部企业的变动情况提

供基础性资料。

（3）做好潜力总部的跟踪工作。对区内现有具备发展为总部条件的企业做好跟踪服务，鼓励企业“走出去”跨区跨境建立分支机构，鼓励现有总部企业提级发展。

（4）加强招商引资和投资环境的宣传推介。将引进总部企业作为今后招商引资重点，借助各类平台，有针对性地开展招商活动，加快总部企业在怀柔集聚。同时，通过多种渠道，面向国内外加大对投资环境、区域优势、总部企业鼓励政策的宣传力度，形成有利于总部企业发展的良好氛围。

九、北京兴谷经济开发区

（一）基本情况

北京兴谷经济开发区于1993年成立，开发区所在地“京东绿谷”——平谷，位于北京市区东北部，南与河北省相邻，东南与天津市接攘，处于京津冀的交汇处，位于环京经济圈及环渤海经济圈的前沿位置。

北京兴谷经济开发区是北京市政府批准，并通过国家发改委审核的16家市级开发区之一，规划面积15.02平方千米，主要产业被定位为汽车零部件、食品、机械。2002年11月19日被列为“北京汽车及配套零部件生产基地”；2005年12月15日被列为“全国农产品加工示范基地”；2012年12月25日，经国务院批准纳入中关村国家自主创新示范区，成为中关村国家自主创新示范区平谷园的主要区域；2013年6月1日被授予“北京市总部经济发展新区”；在北京市政府公布的《平谷新城规划》中，兴谷开发区被定位于新城综合发展区，以综合发展为主，同时也是新城的东北部产业区。目前，兴谷开发区享受北京市总部经济各项政策、中关村各项优惠政策及配套政策措施。

公路交通方面。途经平谷的京津高速公路北线已开通，与津蓟高速公路连接，同时还与 102 国道、京沈高速公路连接，使平谷成为连接北京、天津、唐山等特大城市的重要节点，并且高速公路辐射东北城市群。随着京平高速公路的全线贯通，从北京市区到开发区可以保证每天配套班车往返，时间可控制在 1 小时之内。平谷区的空运条件优越，开发区直接与北京机场高速路相连，平谷距离首都机场 40 千米，共 25 分钟车程。平谷航运条件便利，京平高速与津蓟高速连通之后，平谷区将成为连通京津两大空港和天津新港这一通道上的重要枢纽，真正成为融入环渤海经济圈的“京东发展门户”。平谷南距天津 110 千米，共 55 分钟车程，至唐山京唐港 140 千米，共 70 分钟车程，至秦皇岛港 230 千米，共 150 分钟车程。

铁路方面。依托北京作为中国铁路客货运路网的核心枢纽优势，大秦铁路穿境而过，设有京郊区县唯一的地方铁路客货运站，平谷地方铁路与大秦线连接，接收和发送全国各地的货物。

区内交通。兴谷开发区地处平谷城区北部，是城区规划的组成部分，离平谷城区比较近，交通便利。目前，已开通公交线路 47 条，其中，环城 3 路公交车是从开发区通往城区最方便的公交车，全程共设 27 个站点，首末站设在开发区内的兴谷家园，给开发区内工作的企业员工上下班提供了方便。

（二）集聚区特点分析

1. 经济拉动作用

兴谷开发区以打造“华北最大的饮食品工业基地”和“北京现代汽车配件基地”为招商方向，以“搭建最佳投资平台，培育一流人居环境”为目标，扩大开发区的经济总量，丰富招商引资的资源条件，搭建开发区发展架构。目前引进 120 家企业投资建厂（规模以上工业企业 44 家，都市工业 14 家，配件企业 21 家，其他企业 9 家），投资 81 亿元，三资企业 31 家，引进外资 4 亿美元，已经形成以汽车配件为主的现代制造业和以饮食品业为主的都市工业两大产业基地。2013 年实现工业总产值 174.7 亿元，占全区工业的 67.6%，对全区工业增长的贡献率为 82.2%，在全市各级开发区中，总量排在北京经济技术开发区、中关村、空港、雁栖之后，名列第 5 名（16 个市级开发区中排在空港、雁栖之后，名列第 3）；安排就业 18000 人、纳税 13 亿元、利润 14.7 亿元。预计到 2015 年，成为年销售收入 260 亿元、缴纳税收 20 亿元、人口规模 5 万人的现代化工业新城。

（1）产值迅速增长

2009 年实现工业总产值 100.2 亿元，占全区工业的 64%。截至 2013 年，实现工业总产值 174.7 亿元，占全区工业的 67.6%，增长较快。2014 年，实现工业总产值 180 亿元，占全区工业的 66.2%，如图 4.7 所示。

图 4.7　兴谷开发区工业总产值增长曲线

（2）拉动全区工业增长处于调整期

2009 年全区工业产值增长 12.1%，兴谷拉动 18 个百分点，对全区工业增长的贡献率为 149%。2013 年，全区工业产值增长 9.0%，兴谷拉动 7.4 个百分点，对全区工业增长的贡献率为 82.2%。2014 年，全区工业产值增长 6.2%，兴谷拉动 6.1 个百分点，对全区工业增长的贡献率为 91%，如图 4.8 所示。

（3）继续带动税收和就业的不断增长

2005 年开发区工业企业纳税 16477 万元，2013 年已达 130384 万元，到 2014 年已达到 169539 万元；企业同时安排了大量人员就业，2006 年年底已投产规模以上工业企业，安排劳动力就业 7782 人，2013 年上升到 18000 人，发放工资 101323 万元，2014 年上升到 20000 人，发放工资 141453 万元，如图 4.9 所示。

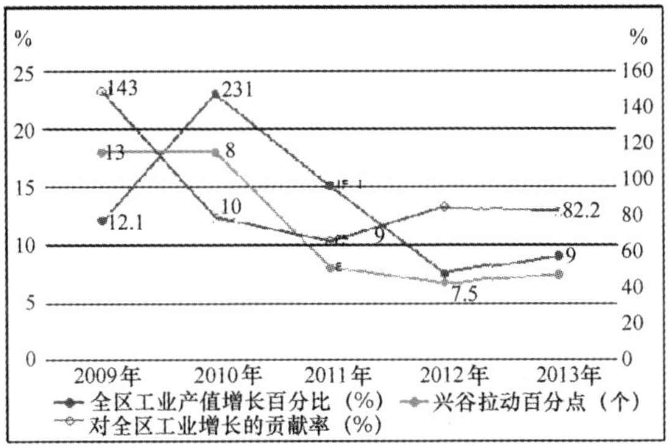

图 4.8　兴谷开发区工业总产值对全区的贡献

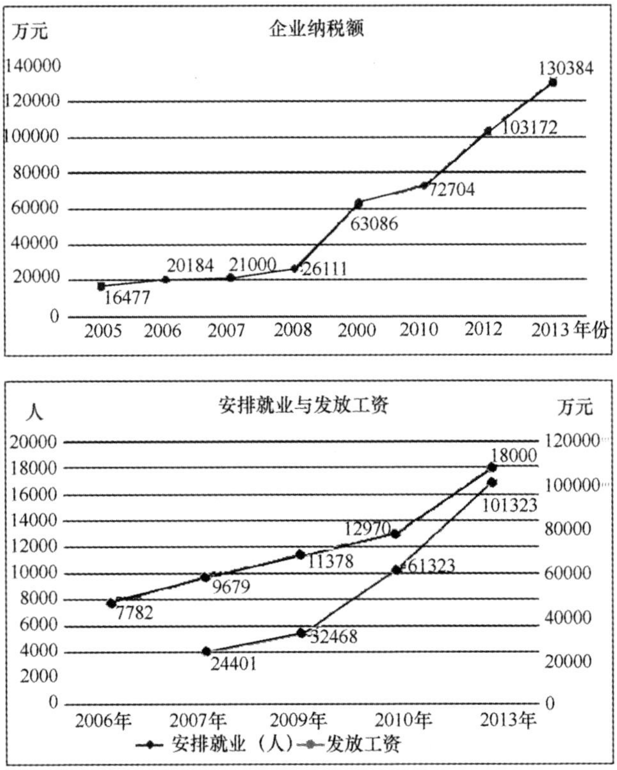

图 4.9　兴谷开发区税收与就业情况

2. 社会带动作用

（1）促进产业发展

依托兴谷开发区而发展起来的服务业有餐饮、物流、房屋租赁、休闲娱乐、零售业、金融等，安排就业 1500 人。物流业依托于汽车配件企业而发展，2011 年有货运车 100 多辆，运费收入 1 亿元；餐饮业为韩资企业送餐收入 1000 万元。投产的工业企业每年发放工资 2 亿元以上，增加注册资金 3000 多万美元，促进了金融业的发展；企业员工的增多，带动了周边村镇的房屋租赁、休闲娱乐、零售业的发展。

（2）带动城镇化发展

经过多年建设，兴谷开发区的基础设施不断完善，道路 7 横 6 纵，全长 30 多千米，建成变电站两座、开闭站 5 座，竖立灯杆 1000 多根，建成兴谷水厂，供暖面积 120 万平方米，扩大绿化面积，花园式开发区已经形成，平谷区第八小学已建成使用。依托于开发区的基础设施，平谷城区北部城镇化发展迅速：兴谷园、平翔东园、乐园、新星、园丁、阳光城等小区相继建设，兴谷家园搬迁小区 7 栋楼房已投入使用。

（三）基础设施和配套设施情况

北京兴谷经济开发区规划面积 15.02 平方千米，基础设施完备，均已实现了“七通一平”，土地平整，环境良好。

1. 供电

开发区能源储备充足，拥有两座 110 千伏变电站及 6 座开闭站，开发区电能储备 20 万千伏安，双路供电，近年从来未出现过拉闸断电的情况，目前还有 7.2 万千伏安的供应空间。用电价格执行北京市统一工业用电价格，均价为 0.6 元/千瓦时，并根据峰谷波动实行浮动价。

2．供水

平谷区水资源丰富，年均降水量达 5 亿立方米，是北京市年降水量最多的区县之一。地下水全部达到国家一级饮用水标准，水质好且含有各种微量元素，是北京应急水源供给地；并建有集中供水厂 1 座，日供水能力 2.4 万吨，目前还有 1.2 万吨/日的供应空间。用水价格执行北京市统一工业用水价格，市政供水均价为 5.6 元/吨（含污水处理费），污水排放须达到国家二级标准。

3．供热

开发区供热能力 250 万平方米，建有燃煤集中供热厂，承担着平谷北部城区工业和居民的供暖任务。供暖价格：工业供暖，在供暖季节厂房高度 4 米以下为 16.5 元/平方米，厂房高度高于 4 米为 33 元/平方米。

4．天然气

目前整个平谷城区（含兴谷开发区）的天然气供应都由新奥燃气公司采用 LNG 储运式供气模式提供天然气，日供应能力 6 万立方米，目前还有 3 万立方米/日的供应空间。工业供气价格为 2.9 元/立方米，具体费用标准要视使用量和管线标准确定。目前，由北京市区通平谷的天然气管线已随京平高速公路同步建设，价格也会随之与北京市区价格持平，该管线主管线的设计供应能力是 50～60 万立方米/日，管线直径为 400 毫米，该主管线预计从北京六环路铺设至平谷区西部马坊地区。

5．通信网络方面

中国电信、中国网通等电信运营商可以为入区企业提供程控电话、宽带多媒体、光纤网络等各项服务。

6．标准化厂房

开发区为满足部分企业急需生产的需求，准备了 14 平方米的标准化厂房（一、工、王字形），可供不同规格和需要的工业企业租赁或购买。

7. 海关物流方面

开发区所在地平谷建有管理京东三区一县进出口业务的海关办事处，拥有距离天津最近的公共保税仓库和口岸功能的保税物流中心，可为企业提供便利的进出口业务。

十、北京环渤海高端总部基地

（一）总部基地介绍

北京环渤海高端总部基地位于北京市东南五环外，通州区与亦庄经济技术开发区的交界处，规划范围 17.21 平方千米，规划建筑规模 1815 万平方米，承载人口约 20 万人。总部基地是通州区“一核五区”中的重要一区，是北京东南部现代服务业和战略性新兴产业聚集区的重要节点，同时总部基地还是北京市、通州区两级土储项目，得到北京市委市政府的大力支持。目前，总部基地已纳入中关村国家自主创新示范区，享受中关村相关优惠政策和产业扶持政策。

总部基地轨道交通发达，京津城际铁路从本区东北侧经过，设有亦庄火车站，不久后将与轻轨亦庄线和连接通州新城、顺义新城、亦庄新城的 S6 线，以及连通 CBD 与未来科技城的 17 号线实现无缝换乘。目前，亦庄线已于 2010 年 12 月 28 日通车，在本区范围内设有次渠南站、次渠站和亦庄火车站 3 个地下站点。

总部基地环境优美，配套完善。基地内有丰富的水资源，融汇形成南北长 7.8 千米，总面积 5.74 平方千米的城市生态轴线。公园、湿地、居住生活区、户外休闲区等共同构成滨水宜居的城市空间。基地内将合理布局一批幼儿园、小学、中学，还将积极引入北京名校资源，兴建三甲医院和大型体育文化设施等。

总部基地将打造成一个“有城有业、城业联动”的高端、智慧、生态的现代城市综合体，将成为通州区建设北京现代化国际新城的重要功能区，北京东南产业发展带与新城之间的标志性城市节点，北京参与环渤海区域合作发展的“桥头堡”，以及具有全球影响力、环境友好型高端商务新城。

（二）产业定位

为进一步明确环渤海总部基地产业发展方向，加快总部基地产业培育和发展，推动总部基地“有城有业，城业联动”的高端智慧城市建设，总部基地管委会基于对国家及北京市产业发展战略的分析，依据北京市产业空间优化调整和中关村产业空间布局要求，围绕通州区首都副中心的建设和总部基地高端智慧城市建设需要，结合自身发展基础，突出发展优势，确定总部基地主导产业发展方向为：以车联网、移动互联网、生物医药、节能环保、新能源等为主的战略性新兴产业和以研发服务、科技商务、文化创意为主的现代服务业。

（三）适合发展总部经济的原因

1. 较好的区位优势

总部基地位于北京市通州区，区域位于五环路和六环路之间，西距天安门 20 千米、CBD 16 千米，北距首都机场 30 千米，南距北京第二机场（规划建设中）22 千米，乘京津城际铁路到天津滨海新区只需要 20 分钟。

环渤海总部基地交通条件优越，五环路、六环路、京津高速、京沪高速、京津城际铁路、轻轨亦庄线、S6 线、17 号线等构成了立体交叉的交通网络，如图 4.10 所示。

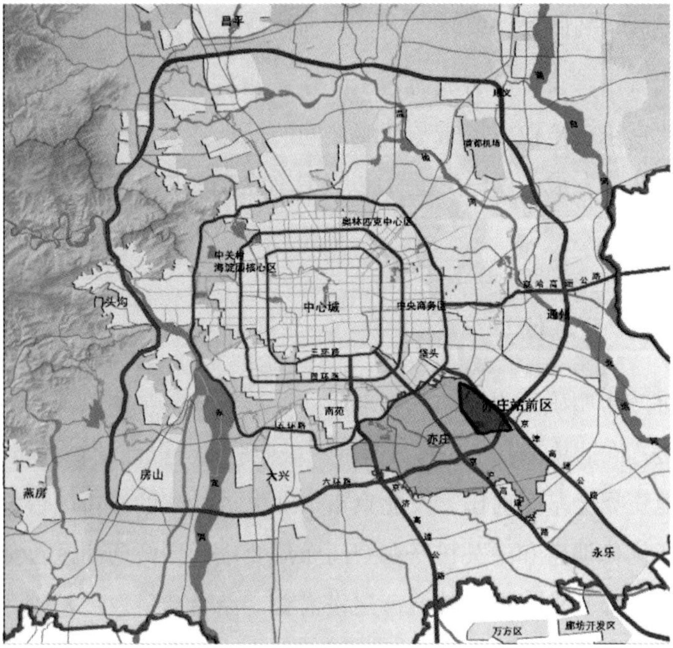

图 4.10　环渤海总部基地区位图

2．宜居的城市空间

环渤海总部基地内 1/3 的面积将会建成公园绿地，区域内有丰富的水资源，南北湿地融汇贯通，与区域中心地带共同形成城市生态环境轴线，将成为北京东南部极具特色的滨水宜居城市空间；总部基地还将积极引入北京名校资源、兴建三甲医院和大型体育文化设施，配套设施相当完善。项目自 2009 年 8 月正式启动开发建设以来，累计完成投资约 258 亿元。

3．一定的产业基础

环渤海总部基地位于东部发展带、环渤海经济发展圈的核心位置，南临北京亦庄经济技术开发区，西接中关村科技园光机电一体化产业基地，二者分别拥有超过 20 年和 10 年的产业发展历史，使得整个区域具有较好的产业发展基础和发展氛围。总部基地处于建设的初级阶段，目前，已与十余家企业签订战略合作框架协议，其中由北京千方科技集团牵头的国家车联网产业基地项目是国家交通运输部与北京市政府部市合作项目。

4. 政府的大力支持

环渤海总部基地项目得到北京市和通州区政府的大力支持，市委市政府曾指示“重新深入研究亦庄新城的功能定位和产业发展，将亦庄新城站前区域建成面向环渤海经济发展的高端总部经济聚集区”。2009 年 6 月，本区域被北京市列为市土地整理储备中心和通州土地整理储备分中心的联合储备项目。

（四）招商引资现状

目前，与总部基地达成战略合作意向的项目 14 个，包括国家车联网产业基地、北京 SAP 智慧城市创新中心、上合组织活动中心及亚信论坛会址、闽商企业北方总部基地、中国通州国际青年文化创意园、贝达医药国际研发中心等。

十一、北京密云生态商务区

2010 年，密云县围绕北京市建设“中国特色世界城市”目标，为充分发挥生态优势，吸引总部经济，确定在潮河两岸、南山山前规划建设北京密云生态商务区（以下简称商务区）。商务区将着眼于为北京中心城区功能疏解服务，力争建设成为承载外埠企业总部进京发展的京东新门户。

（一）基本情况

1. 商务区空间布局

在密云的非水源保护区，密云城南、南山之阴、潮河之滨，有一片依山傍水的发展福地，地理环境优越，这便是被誉为“山水商务、田园总部”的北京密云生态商务区，如图 4.11 所示。

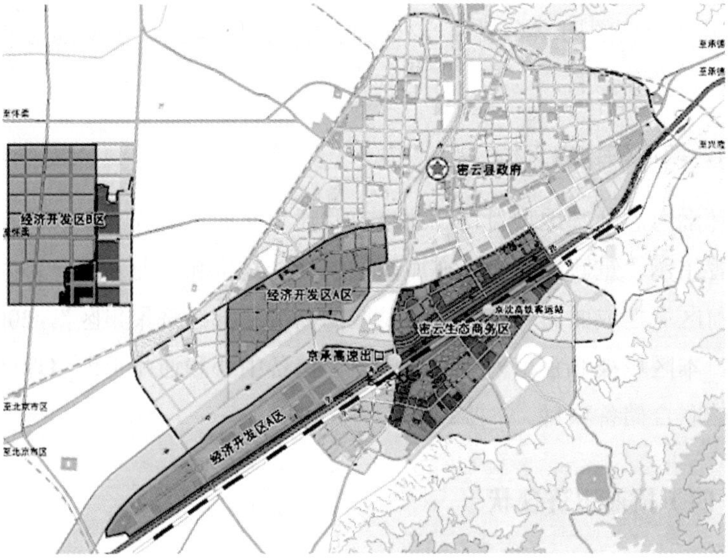

图 4.11 密云生态商务区区位图

商务区规划总面积 6.94 平方千米，潮河北岸 1.75 平方千米作为一期发展用地先期启动，潮河南岸 5.19 平方千米为二期发展用地。商务区距北京城区 45 千米，交通便利，地理位置优越。距京承高速公路密云县城区出口不足 1 千米，无障碍通行到达市区仅需 33 分钟，到首都机场只要 25 分钟，是“首都半小时经济圈”的重要节点。

同时，已于 2014 年开工的京沈高铁紧邻京承高速路，在商务区南侧腹地设有站点，京密折返列车半小时即可到达北京核心区。规划中的轻轨 S6 线紧邻商务区北侧，并设有站点。综合交通网络的部署，将进一步实现生态商务区与世界的“零距离”。

商务区依托面山临水的环境优势和高端企业郊区化办公趋势，建设集高端商务办公区、企业总部发展新区、特色水系商业区、京沈高铁一体化商业区等于一体的商务园区。

目前，已经确定进驻园区的是华润置地和上海绿地，分别规划设计了“万象汇”商业综合体和绿地•朗山国际健康产业园，未来将成为商务区的建设“引擎”。华润和绿地两个实体项目是集密云地标建筑——中央商务岛、花园企业总部、潮河滨水休闲商街、5A 商务写字楼、健康医疗、大型休闲购物中心和精品公寓于一体的综合型新城中心。城内高端百货、大型超市、国际影院、室内冰场、儿童主题乐园等设施将一应俱全，建成后将会是集时尚购物、餐饮、娱乐、文化、运动、生活配套为一体的多功能、多主题的地标性商业旗舰。

2. 商务区产业概况

商务区坚持错位经营、差异化发展，依托优越的自然和生态环境，与城市核心功能区形成产业互补，重点吸引和承接科技创新、设计创意、健康医疗、绿色环保及配套商务服务业等产业，着力引进世界 500 强企业和具有成长性的创新型企业总部，如图 4.12 所示。

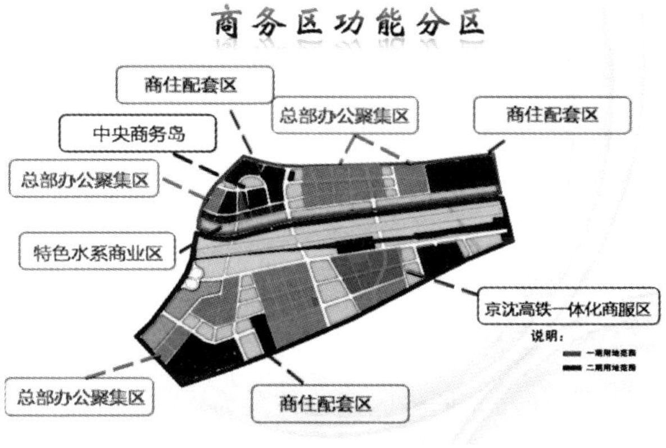

图 4.12　密云生态商务区功能分区

商务区坚持产业集群发展，依托日益聚集的绿色高端高效产业，通过总部基地的建立，推动产业的集群发展，产生规模效益。目前，逐渐形成了以商务服务业、文化创意产业为主的产业集群。

3. 商务区发展历史

2011 年 5 月 30 日，商务区概念性规划经市政府专题会审议通过，时任北京市市长郭金龙对商务区的建设提出要求：“要坚持一流标准，大力发展符合生态涵养发展区功能定位要求的高端生态商务产业，大力发展与城市核心区功能优势互补的高端服务业，吸引高端商务、休闲消费。”

2011 年 9 月 17 日，商务区成功举办规划国际研讨会，来自美国和法国的 8 名国际规划专家建言献策。研讨会上，专家就建设绿色低碳生态新城、打造合理水网、营造具有吸引力的城市开敞空间等内容进行了深入研讨。

2012 年 4 月 23 日，商务区开发建设启动仪式隆重举行，标志着商务区正式启动北岸一期开发建设。

2012 年 10 月 13 日，国务院下发《关于同意调整中关村国家自主创新示范区空间规模和布局的批复》文件，商务区正式纳入中关村国家自主创新示范区一区十六园——“密云园”，并被列入北京市政府 2013 年重点工程。

2012 年 11 月 29 日，商务区建筑体量为 28.7 万平方米的 A-1 地块完成入市交易，中标单位为华润置地公司。

2013 年 5 月 28 日，商务区被北京市商务委员会授予首批“北京市总部经济发展新区”称号，商务区业已成为密云发展总部经济和商务服务业的主战场。

2013 年 11 月 21 日，商务区建筑体量为 44.217 万平方米的 A-2 地块完成入市交易，中标单位为绿地集团。2014 年华润五彩城城市综合体及绿地潮河外滩会所即将正式动工，标志着商务区的园区建设进入实质阶段。

2014 年 10 月，商务区被北京市规划委员会授予“北京市绿色生态试点区”称号。

商务区美好的发展前景、突出的政策优势、周到的服务吸引了众多企业落户，2013 年商务区已有 112 家企业注册，注册资本 61.1 亿元，企均注册资本 5455 万元。企业 2013 年实缴税费 2.14 亿元，形成县级财政收入 7286 万元。

2014年商务区已有200家企业注册，同比增长79%，注册资本105.7亿元，企均注册资本5285万元，2014年实缴税费2.77亿元，同比增长29.4%，形成县级财政收入8948万元，同比增长22.8%。

（二）商务区的高起点设计、高标准规划

建设商务区之初，密云就决定大手笔谋划商务区的发展未来，提出了在生态理念、生态环境、生态规划、生态建设、生态产业、生态富民方面突出生态特色。为此，在规划上，密云引入了国际先进理念，将国际主流生态规划理论引入到园区规划建设中。

2011年9月17日，商务区举行规划国际研讨会，邀请了来自美国、法国等国家的8名国际一流规划专家相聚一堂，与会中外专家用超前的视角、宽泛的思维，对密云生态商务区规划建言献策、深入研讨。围绕北京世界城市建设，密云如何适应跨国公司郊区化办公趋势、如何建设绿色低碳生态新城、如何提高土地利用率、如何利用水体打造合理水网、如何营造具有吸引力的城市开放空间等问题进行了分析和研究。

最终，国内外规划专家以中西思想的交融为契合点，在充分尊重商务区地理结构的基础上，绘就体现中国国画风格的丹青规划蓝图，“以山为景、以水为魂、以绿为染、以河为镜”，发挥山、水、城、人的自身特色，打造融合山水、特色鲜明、充满活力的城市空间。

“以山为景”，即生态园区引入自然山体，以自然构成进行布局，增强了生态园区的生态特色。

“以水为魂”，即综合打造园区内部观水亲水的水系统，中央湖景观区等的开工建设如点睛之笔，为园区建设画上浓墨重彩的一笔。

“以绿为染”，即以绿色生态体系为贯穿纽带，用生态系统点染园区环境。建设中的商务区，绿化覆盖率为32.4%、平均净容积率小于2.1，18～24米的多层和小高层建筑占总建筑基地面积的82.3%。人居绿地面

积 34 平方米，绿色建筑达标率 100%，建筑物屋顶绿化比例大于 50%，建设低密度的绿色生态示范区。

“以河为镜”，即利用潮河及潮河总干渠的景观特色，建成一个由水系贯通的生态商务园区。城在青山绿水间，人在城市画卷游。商务区生态建设的目标是建设总部企业理想的生态办公场所。

（三）商务区发展思路与政策

1. 总体发展思路

一是加快商务区开发建设进度，为总部企业提供环境好、服务优、政策足的山水田园总部基地。目前，商务区已引进华润置地和上海绿地进行土地二级开发建设，完成上市交易土地 624705 万平方米，建筑规模 728938 万平方米。

二是抓住京津冀一体化和北京市功能疏解的机遇，理清思路，加强与市相关部门、中关村和企业协会等单位的联系，积极寻找合作机会，承接产业转移。

三是制定人才优惠政策，吸引优秀人才来商务区发展。加大对高端人才的引进力度，鼓励优秀人才到密云从事技术合作、咨询和顾问等短期服务，为密云总部经济发展提供外脑支持。通过与知名高等院校及优质培育机构建立人才对口输送机制，为入区企业提供丰富的人力资源；鼓励总部企业拓宽人才培养渠道，实施在职培训制度，降低总部企业对所需人才的获得成本，提高入区总部企业的引进人才效率。

四是优化总部发展环境。借助中关村出台的《关于加强中关村国家自主创新示范区规划和土地管理的指导意见》，通过预留发展空间、增加土地出让协议附件条件等，使园区管委会掌握一定的控制权和管理权，并自持一定比例的收益性物业，努力实现将资源提供给优质的总部企业。

五是增强现有企业总部的根植性和归属感，将服务好商务区现有的总部企业作为形成商务区总部经济核心竞争力的重点工作。推行投资服务部与总部企业对口联系服务制度，切实解决总部企业发展中的实际问题，提供更加人性化和符合总部企业需求的服务内容，促进现有总部企业进一步发展壮大。

2．相关政策

商务区已被纳入中关村国家自主创新示范区，入驻商务区的企业可以享受中关村园区的相关政策。

商务区被授予北京市总部经济发展新区，在商务区注册且通过总部企业确认的企业可享受北京市《关于促进总部企业在京发展的若干规定暂行实施办法》的政策支持。此外，为优化企业在密云的发展环境，加快企业在密云发展，密云县政府出台了一系列扶持政策：

①《密云县关于加快县域经济发展的若干政策》；

②《中共密云县委密云县人民政府关于面向国内引进高级人才的意见》；

③《关于培育和扶持企业上市的意见》；

④《密云县品牌战略实施意见》。

第五章　展　　望

北京在发展总部经济方面具有十分明显的优势。随着改革开放的深化，北京总部经济的水平和能力将得到进一步的提升。展望未来，首都新的城市战略定位和京津冀协同发展必将为北京总部经济提供更广阔的成长空间。

一、北京总部经济“高端引领、创新驱动、集群协同、绿色生态”的应然趋势

随着经济全球化深入发展，北京迫切需要以更宽阔的视野审视发展，以世界城市为坐标系定位发展，在更高层次上参与全球分工。目前，首都经济在服务业主导格局总体确立、消费拉动作用日益突出之后，面临着发展动力转换、产业结构深度调整和升级、推动京津冀产业协同的任务。因此，北京总部经济需要更加注重“高端引领、创新驱动、集群协同、绿色生态”的发展。

（一）高端引领

《北京市国民经济和社会发展第十二个五年规划纲要》指出，北京的经济发展高端化格局初步形成。北京的总部经济已经聚集了一大批全球500强企业总部、跨国公司地区总部，高端引领特征明显。通过打造“世界高端企业总部聚集之都”，北京必将汇聚更多发展总部经济必备的高端生产要素，进一步吸引全球企业各类总部机构的进驻，进一步提升地区总部能级和实体化经营程度，进一步凝聚产业链高端环节，引领京津冀区域协同，在全国乃至全球城市中塑造高端品牌。

（二）创新驱动

北京优越的科技、教育资源赋予总部经济以创新驱动的内核，研发总部是北京独具优势的总部资源。在打造科技创新中心的过程中，北京总部经济将进一步加强创新能力建设，提升自主创新水平，不断创新发展理念、发展模式，把推动发展的动力加快转移到更多依靠科技进步、劳动者素质提高和管理创新上，增强总部经济的国际竞争力。

（三）集群协同

总部经济的集群协同有三层含义，分别是：总部企业空间聚集的规模效应，总部企业区域合作产生的协同效应，总部经济实体化、协同化后形成的品牌效应。北京总部经济的集群化，已经初步实现了第一层的规模效应，处于追求协同效应和品牌效应的过程中。追求集群协同，既要通过高端企业“高端、高效、低碳”的集约化内涵发展，又要通过总部经济集聚区（发展新区）的准确定位、差异塑造、功能互补、推进协同的产业政策实施，增强北京总部经济的竞争力和辐射力，并进一步促进京津冀地区产业的协同发展。

（四）绿色生态

北京发展总部经济需要深入推进节能减排，提升生态文明水平，走绿色低碳、生态友好发展之路。这既是高端经济发展的内在要求，也是落实首都城市战略定位的必然要求。“高端、高效、低碳”的总部企业是实现绿色生态的基础，加强总部企业的集聚、集群，提升区域协同，减少产业内耗进一步促进绿色生态的实现。因此，高端引领、创新驱动、集群协同、绿色生态构成了具有内在逻辑、能够严密配合的北京总部经济本质特征，如图 5.1 所示。

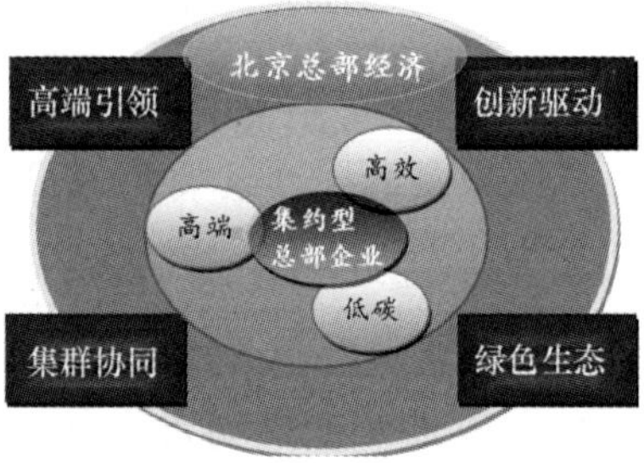

图 5.1 北京总部企业与总部经济本质特征示意图

二、北京总部经济将有力助推首都的国际交往中心和科技创新中心建设

发展“高端引领、创新驱动、集群协同、绿色生态”的北京总部经济是推动北京建设国际交往中心和科技创新中心的关键着力点。

国际交往中心是首都的基本功能。作为首都，北京在政治、外交、经济、交通、基础设施等方面都具备成为世界一流交往中心的条件。2013 年北京地区海关进出口总值 4291 亿美元，实际利用外资 85.2 亿美元，世界 500 强总部数量位居全球城市第一，注册外资企业 26000 家。截至 2014 年 2 月，北京市已与世界上 50 个城市建立了友好城市关系。北京为总部经济发展提供了优越的政治、文化环境，以及丰富的科技、人才和资金资源。先天的国际化、高端化和高效化优势，必然形成高端企业总部和高端人才的聚集，而高端企业总部的全球化经营活动，必然需要大量的国际交往活动聚集，从而极大地促进北京的国际交往中心建设。

在打造首都核心功能的过程中，总部经济将进一步加强创新能力建设，提升自主创新水平，不断创新发展理念、发展模式，把推动发展的动力加快转移到更多依靠科技进步、劳动者素质提高和管理创新上，增强总部经济的长期竞争力。随着北京总部企业高端化趋势越来越明显，高端人才的聚集正一步步提升总部企业的知识含量，带动技术、资金等重要资源的聚化与极化，造就更多技术创新和管理创新，实现高效发展。

因此，高端引领、创新驱动的北京总部经济，必将积蓄更强的辐射力，有效地促进北京的科技创新中心建设。

三、北京总部经济将成为构建“高精尖”经济结构的核心

随着首都城市战略定位的进一步明确，2014 年，北京市政府提出了加快构建“高精尖”经济结构，促进首都经济社会持续健康发展的宏伟蓝图和目标。目前，通过产业转型实现非首都核心功能疏解，构建高端化、服务化、集聚化、融合化、低碳化的“高精尖”经济结构迫在眉睫，而总部经济则正是构建北京“高精尖”经济结构的核心。2013 年，北京 3937 家总部企业以占全市 27.9%的从业人数创造了全市 66.8%的营业收入和 89%的利润，已经成为推动首都经济发展的最重要的推力之一。随着生产经营环境进一步改善、京津冀产业协同发展，北京总部经济的集聚力、助推力、辐射力将会越来越强，更好、更快地驱动首都经济结构优化升级。总部经济发展与北京产业结构调整形成了相辅相成、互相促进的良性循环。

一方面，北京的产业结构调整为北京总部经济的快速发展提供了良好支撑。总部企业的全球运营管理需要大量的高端服务业支撑，金融、保险、会计、法律、咨询、信息服务、会展等现代服务业是其生存发展的必要条件，优良的生态环境则是其对优质生活的追求。北京目前较为发达的生产性服务业为总部经济发展提供了良好的运营环境，较为发达的生活性服务业、良好的城市基础设施、优美的人文居住环境则为企业总部创造了一个良好的生活环境，使得北京成为企业总部首选之地。

另一方面，总部经济的发展进一步促进了现代服务业聚集与产业结构升级。总部经济的集聚实质是全球价值链上技术资金含量最高点的集聚，它会形成对高端生产性服务的大量需求，吸引更多高端服务业进入该区域为其提供服务，从而带动现代服务业发展，推动北京整体经济结

构转型；总部经济的发展和集聚带来了大量的高端人力资源、研发中心、投资中心和经营中心，为北京产业结构调整和高端服务业发展提供了高质量的生产要素；企业总部遍及全球的生产网络和控制系统，为北京服务业创造了更多进入全球市场的机遇，促进北京整体产业的结构优化和高效集约化发展。目前，北京总部企业“高端、高效、低碳”的特征日益凸显，展望未来，必将朝着“高精尖”的方向继续发展。

四、北京总部经济将大幅提升城市国际影响力

目前，北京的国际影响力日益增强。北京是中国北方最大的城市和政治文化中心，作为首都，吸引汇聚了全国众多的资源和便利条件，竞争优势非常明显，世界影响力与日俱增。2014 年 11 月，在北京召开的 APEC（亚太经合组织）第二十二次领导人非正式会议，以及随后在澳大利亚召开的 G20 峰会，再一次展示了中国、北京的全球影响力，标志着北京在世界城市中已经处于了十分重要的地位。

《北京市国民经济和社会发展第十二个五年规划纲要》指出，当今世界正在发生深刻变化，经济全球化深入发展，科技创新孕育新的突破，国际市场分化组合，特大城市在全球网络中扮演着日益重要的角色。作为国家首都的北京，伴随着发展阶段的变化，需要以更宽阔的视野审视发展，以世界城市为坐标系定位发展，在更高层次上参与全球分工。在 2014 年 11 月召开的 APEC 会议上，习近平总书记强调，后国际金融危机时期，应该挖掘新的增长点和驱动力，打造强劲、可持续的增长格局。增长动力只能从改革中来、从创新中来、从调整中来。我们要创新发展理念，从传统的要素驱动、出口驱动转变为创新驱动、改革驱动，通过结构调整释放内生动力。APEC 会议批准的全球价值链、供应链、能力建设等领域的重要合作倡议为北京总部经济的发展创造了良好的外部环境和历史机遇。

北京在区位、人才、科技、信息、法制、教育、文化等方面的独特

优势，必将汇聚更多发展总部经济必备的高端生产要素，进一步吸引全球企业各类总部机构的进驻，提升地区总部能级和实体化经营程度，进一步凝聚产业链高端环节，在全国乃至全球城市中塑造高端品牌，把符合首都“高精尖”要求的高端产业环节落户北京，形成高效、集约、低碳的国内外总部企业聚集地，实现北京总部企业的跨区域、跨国经营，不断提升发展能级，成为名副其实的世界高端企业总部聚集之都。

附　录

一、总部经济的理论基础

1. 比较优势理论

比较优势理论是总部经济研究的理论基础之一。亚当·斯密的绝对优势理论认为，由于资源要素不同导致产品在不同国家之间的绝对成本差异，一国进口某产品是因为该国的成本水平处于绝对劣势，生产不如进口划算，出口某产品是因为该国处于绝对成本优势。与此相对应，大卫·李嘉图在其代表作《政治经济学及赋税原理》中提出了比较优势理论，指出国际贸易的基础是生产技术的相对差别（而非绝对差别），以及由此产生的相对成本的差别。每个国家都应根据“两利相权取其重，两弊相权取其轻”的原则，集中生产并出口其具有“比较优势”的产品，进口其具有“比较劣势”的产品。比较优势理论在总部经济理论体系中占有重要地位。赫克歇尔—俄林理论认为，不同的产品有不同的要素构成比例，不同地区有不同的要素丰裕程度，一国应该出口那些密集使用其丰裕要素的产品，进口密集使用其稀缺要素的产品。总部经济正是通过发挥区域比较优势，充分利用区域间存在的资源禀赋差异谋求资源配置最大化的结果。

2. 区域集群理论

区域经济学为总部经济研究提供了集群视角。集群在不同文献中称谓不同，如产业群（Industrial Cluster）、地方产业集群（Local Cluster of Enterprises）、地方生产系统（Local Production System）、区域集群（Regional Cluster）、产业区（Industrial District）等。法国经济学家佩鲁在分析经济在空间上的非均衡增长时，引入了“推动性单位”和“增长极”的概念，认为主导部门和有创新能力的企业在某些地区或大城市聚集发展而形成的生产、贸易、金融、科技、人才、信息、交通运输、服务、决策等经济活动中心，这个中心便是增长极。增长极不仅能够带动其他部门和所在地区以至周边地区的经济增长，而且还是创新的源泉。德国经济学家阿尔弗雷德·韦伯在《工业区位论》中，从产业集聚所带来的成本节约的角度讨论了中小企业集群形成的动因。他认为，一个企业规模的增大能给工厂带来利益或节约成本，而若干个企业集群在一个地点同样也能给各个企业带来更多的收益或节省更多的成本。他把集聚带来的好处视为成本的节省和收益的增加，正是成本的节约促使企业产生了集聚的动因。

3. 信息集聚理论

信息经济学的发展给总部经济研究提供了新的空间。地区总部作为跨国公司设在国外的重要决策和管理部门，为减少决策和管理过程中存在的不确定因素，需要以大量的信息作为管理依据才可能准确地把握国外的经济、政治形势及其变化趋势。发展总部经济具备的必要条件之一是较为充分和完备的信息资源。因此，总部所在地的区位倾向于选择能产生大量高度化、多样化信息的信息集聚源。地区总部与域内子公司、母国总公司之间的日常联系主要靠信息交换来实现，这些信息不仅交换量大，而且多为跨国的国际交换，因而，对信息通信手段的要求很高。信息网络、大容量通信及数据平台处理技术的发展，使信息、指令的传递及监督功能比过去完成得更快、更经济，可以大大节约公司总部与制造加工基地分离导致的空间成本，进而有力地吸引银行、集团公司，以及地区总部的落户，从而对总部经济的发展起到推波助澜的作用。纽约、香港、新加坡集中了数量极多的大型跨国公司的总部，这与其便利的信息获取和沟通渠道是密不可分的。

4. 企业组织结构理论

企业组织结构理论为总部经济研究提供了一定的理论支撑。目前，从全球来看，信息和网络技术的高速发展正在引发一场企业组织结构的深刻变革，现代企业组织发展的趋势是企业组织结构的日益扁平化，以缩短信息传递的层次路径，减少信息流通时间，使企业能够以最快的速度对市场变化做出快捷反应。在扁平化结构模式下，企业可以将生产配送、产品研究，以及市场销售、营运控制等进行空间上的分离，形成多种组织职能的服务外包，以有效地利用不同区域的资源。在现代大型公司中，总部是一个相对独立的层次，一般不直接参与下属单位的生产经营活动。作为处于生产单位和市场的中间层组织，总部长期固定地充当企业和市场之间的媒介，这种组织媒介有利于减少交易成本、降低不确定性、减少搜索成本，通过增加交易频率来达成互相的默契和信任关系；总部集群结成信任关系网络，形成总部的社会资本，可以有效代替相互间的短期合约，降低信息成本；利用总部集聚形成的网络关系营造声誉约束机制，抑制逆向选择和道德风险，促进网络主体之间的合作和创新。

5. 区域协同理论

总部经济的理论基础之一是区域协同理论。安索夫（Ansoff，1965）在《公司战略》一书中首次提出了协同的概念，即协同是指相对于各独立组成部分进行简单汇总而形成的企业群整体的业务表现，是基于资源共享的基础上，两个企业之间共生互长的关系。日本的战略专家Hiroyukiltami把安索夫（Ansoff）的协同概念分解为“互补效应”和“协同效应”两部分。后来，德国的哈肯（Haken）于20世纪70年代系统提出协同理论，认为协同是指在复杂大系统内各子系统的协同行为产生的超越各要素自身的单独作用，从而形成整个系统的联合作用。这一定义强调在一定的外部能量流和物质流输入的条件下，在相互作用过程中形成“序参量”，促使不同要素结合在一起自行演化发展，并在宏观尺度上不断发展为更为有序的结构和整体功能[①]。考宁（Corning，1998）在分析复杂系统的进化过程中，将协同定义为“自然或社会系统中两个或

① H. 哈肯（Haken，H.）著. 张纪安译. 协同学引论[M]. 西北大学出版社，1985年.

两个以上的子系统、要素或者人之间通过相互依赖形成的联合效应”。总部经济能够通过企业集团内部子公司之间网络、区域内与其他总部企业之间网络的构建，把彼此之间较为松散的网络节点紧密联系起来形成协同创新网络，并通过网络组织更好地实现知识交流、共享和创造，从而促进区域创新。

6. 产业梯度转移理论

梯度转移理论源于弗农（Raymond Vernon）提出的工业生产的产品生命周期理论。区域经济学家将这一理论引入到区域经济学中，便产生了区域经济发展梯度转移理论。梯度转移理论认为，创新活动是决定区域发展梯度层次的决定性因素，创新活动大多发生在高梯度地区。随着时间的推移及生命周期阶段的变化，生产活动逐渐从高梯度地区向低梯度地区转移。产业梯度转移又称产业区域转移，是指在以企业为主导的经济活动中，当资源供给或产品需求条件发生变化后，某些产业从某一国家或地区转移到另一国家或地区的经济行为和过程。一个地区相对落后或不再具有比较优势的产业可以转移到其他与该地区存在产业梯度的地区，成为其他地区相对先进或具有相对比较优势的产业，从而提高吸收方的产业结构层次与水平。由于区域生产要素票赋、产业基础与产业分工的不同，地区间在经济发展与产业结构水平上形成了一定的阶梯状差距，因此，通过发展总部经济可以吸引、集聚其他国家或地区产业梯度转移而来的相关产业，带动本地区经济的发展。

二、典型世界城市企业总部聚集情况

（一）纽约

1. 纽约总部经济概览

纽约是目前举世公认的国际城市，也是全球总部经济的成功典范。这座国际大都市的竞争优势和独特魅力来自它在银行、证券、保险、外贸、咨询、工程、港口、新闻、广告、会计等领域为美国甚至全球提供的优质服务及其由此奠定的难以取代的国际地位。这里不仅云集了全球相当数量的金融机构，特别是外国银行及从事金融交易的其他公司，而且也是世界最大跨国公司总部最为集中之地。在财富 500 强中就有 46 家公司总部选在纽约，而美国其他任何大城市都不能与其相比，如芝加哥和休斯顿分别只有 15 家，只及纽约的 1/3。纽约制造业总部云集，与其发展形成了配套的新型服务业。在纽约，有法律服务机构 5346 个，管理和公关机构 4297 个，计算机数据加工机构 3120 个，财会机构 1874 个，广告服务机构 1351 个，研究机构 757 个。纽约有制造业公司 1.2 万家，许多全球制造企业都设立了总部机构（如洛克菲乐中心），成为名副其实的国际金融经济中心，对世界经济的稳定与发展有着举足轻重的作用。

2. 曼哈顿 CBD：纽约总部经济的重要空间载体

曼哈顿是纽约市的中心区，该区包括曼哈顿岛、依斯特河（即东河）中的一些小岛及马希尔的部分地区，总面积 57.91 平方千米，占纽约市总面积的 7%，人口 150 万人。纽约著名的百老汇、华尔街、帝国大厦、格林威治村、中央公园、联合国总部、大都会艺术博物馆、大都会歌剧院等名胜都集中在曼哈顿岛，使该岛中的部分地区成为纽约的 CBD。曼哈顿 CBD 主要分布在该区内曼哈顿岛上的老城（Downtown）和中城（Midtown），著名的街区是格林威治街和第五大街。在老城长仅 1.54 千米，面积不足 1 平方千米的华尔街——CBD 金融区，就集中了几十家大银行、保险公司、交易所，以及上百家大公司总部和几十万就业人口，成为世界上就业密度最高的地区。中城是曼哈顿的豪华居住区，帝国大厦、克莱斯勒大厦、洛克菲勒中心等一些著名的建筑都坐落在这个区。中城的形成虽晚于曼哈顿老城，但却有后来居上的势头。进入 20 世纪后，其他许多非营利的办公机构，如工会、研究部门、专业团体、政府机构等，也都集中于此，许多相关的专职事务所如房地产、广告业、税务部门等也迅速向其聚集，原来设在岛南部的保险业及银行也被中城良好的环境吸引过来。与此同时，服务业也渐渐聚集过来，使得曼哈顿岛 CBD 的特征更加明显。

曼哈顿 CBD 是纽约总部经济的重要空间载体，对于纽约经济的发展起到了巨大的促进作用，这主要表现在以下几方面。

一是依靠 CBD 的影响，纽约市确立了其国际城市形象。一批国际性和跨国性行业组织在纽约市得到发展。早在 1979 年就有 277 家日本公司、213 家英国公司、175 家法国公司、80 家瑞士公司及许多其他国家公司在纽约市设立区域总部及分支机构。

二是带动支撑了纽约其他产业的发展。例如，曼哈顿 CBD 的住宅和商业用房的成交额，占美国房地产市场中此类用房成交额的 40%；美国 21%的电话是从纽约打出的。

三是地产增值，政府税收增加。例如，曼哈顿的地产估价约占纽约市地产估价总额的 53%，1969—1983 年，曼哈顿区地产价值增长了约 58%。

四是成为纽约经济增长的重要动力源泉。曼哈顿地区经济增长量占纽约市总经济增长量的 82%；CBD 和它的衍生效益促进了纽约市的繁荣，曼哈顿 CBD 每年都要接纳数百万的外来客商及游客。

"911"之前的曼哈顿总部云集，许多大银行、金融、保险、贸易公司、律师事务所，以及许多非营利机构如工会、专业团体、政府机构都驻扎在这里，聚集着几十万就业人口，是世界上就业密度最高的地区。然而，"911"最大的打击是动摇了人们的信心，美林、李曼、运通、道-琼斯、德勒等知名大公司总部不得不搬离华尔街。

郊区化办公正悄然流行，那些知名度已经积累起来、不再需要主动寻找客户的大公司多倾向于迁往景观环境更优美、交通更便利的地方办公。与曼哈顿地区仅一河之隔的长岛便是它们的新选择。近年来，长岛发展迅速，这里绿树成阴，鸟语花香，优越的地理环境很是引人，长岛正在发展成为一个景观办公区，与商务中心区曼哈顿遥相呼应。

（二）东京

1. 东京总部经济概览

日本首都东京（Tokyo）是日本第一大城市，位于日本本州岛东部、关东平原南端，是日本政治、经济、文化及交通等领域的枢纽中心，经济高度发达。东京为世界五大全球性国际金融中心之一，是国际航空口岸，是一座拥有巨大影响力的国际大都市，也是亚洲一流时尚重镇。东京也是全球最大都市经济体之一，与美国纽约、英国伦敦并称为“世界级城市”。在2013金融中心发展指数排名中位居世界第四。

东京都市圈经济总量占全国的66%，工业产值占全国的75%，商品零售总额值占全国的30%。圈内100多家银行，日本销售额在100亿元以上的大企业有50%将总部设在圈内。东京曾是拥有世界上（财富）500强总部数量最多的城市，2013年被北京超过，屈居第二。

2. 新宿：东京总部经济的重要空间载体

新宿是日本最著名的繁华商业区，超高层建筑云集，区内含东京都厅、诸多大型企业总社、百货公司、商店街、高岛屋时代广场等，闻名海外的红灯区歌舞伎町也位于新宿。新宿位于东京都中心区以西，是东京副都心。目前，新宿商务区面积达16.4万平方米，商业、办公及写字楼建筑面积为200多万平方米，并以40多栋超高层建筑形成了东京的一大景观。新宿副都心的经济、商业、文化、信息等部门众多，金融保险、不动产、批发零售等服务业成为新宿的主要行业，仅以新宿车站为中心、半径7000米的范围内，就聚集了160多家银行。据统计，新宿就业人口已超过了30多万人，且为通勤人口，约为东京都心区的30%～50%，很好地实现了分担东京都心区压力的目的，并形成了以交通枢纽的立体利用和辐射为特色的总部经济聚集区。

新宿的地下空间得到了充分利用。早在1970年前后，新宿就建成了贯穿新宿车站东、西两侧商业区的“都会地下步道”，到20世纪90年代，新宿地下商业空间面积达到 11 万平方米，其中商业街近 7000 米，成为世界上最长的地下商业街，这不仅缓解了地上设施压力，也有利于商业空间增值。在拥挤的商务环境中，充分实现了对交通枢纽的立体开发。新宿在狭小的土地上设立了占地 24.6 万平方米的广场，并以此作为汽车和公共汽车的枢纽。同时，还在空中建设有高架步道系统，这一系统把主要商业设施及新宿车站在空间上连为一体，方便了与周边商业设施的联系。

同时，其商务环境也立体展开，形成了独特的楼宇经济。为实现商务区配套环境的完善，在区内广场建设了商业综合体，这一商业综合体与很多大厦有直接的联系通道。这不仅保证了商务办公区规划的相对独立，而且使之能够为商业区提供配套，从而营造了良好的商业、商务氛围。

新宿的发展经验是，政府力量从规划、建设、运营等一系列环节全面介入。20 世纪 50 年代，随着日本经济高速发展，作为首都东京原都心的中心三区已不能满足发展需要，政府机关、大公司总部、全国性的经济管理机构和商业服务设施高度集中，导致交通拥挤、建筑物及人口高度密集。1958 年东京都政府提出建设新宿、涩谷、池袋 3 个副都心的设想，并首先从新宿副都心开始规划建设，同时政府参与了大部分市政项目的建设和运营。在新宿副都心的初期开发建设阶段，东京都政府的部分办公机构不断迁入新宿，使副都心的吸引力大增，伴随着的是一些相关配套设施及其他部门的迁入。经过几十年的发展，新宿最终成为经济、行政、商业、文化、信息等部门云集的东京最著名的商务区之一。

（三）伦敦

1．伦敦总部经济概览

伦敦是英国的政治、经济、文化、金融中心和世界著名的旅游胜地，有数量众多的名胜景点与博物馆。伦敦近几百年来一直在世界上具有巨大的影响力，其在政治、经济、人文、娱乐、科技发明等领域上的卓越成就，成为全世界举足轻重的都市，也是众多国际组织总部所在地。大约有一半以上的英国 100 强公司和 100 多个欧洲 500 强企业均在伦敦设有总部。伦敦是世界著名的国际金融中心，目前全球 1/5 以上的外资银行总部设立在伦敦，全球大约 31%的货币业务在伦敦交易。伦敦证券交易所是欧洲最大、世界上最有影响力的证券交易中心之一。

2．伦敦金融城：伦敦总部经济的重要空间载体

伦敦城（City of London，又称伦敦金融城）位于泰晤士河畔，面积 1.4 平方英里，约合 11 平方千米。金融城拥有近 2000 家金融机构，以及 30 万左右的金融人士，还聚集了 500 多家外国银行、180 多个外国证券交易中心，每日外汇交易量达 6300 亿美元，是华尔街的两倍之多。即使在世界三大金融中心内，伦敦金融城也有纽约和东京无法比拟的地位，纽约和东京的交易量虽然大，但主要服务于本国或地区经济，而伦敦金融城则依赖于世界经济和贸易的发展。据统计，伦敦在国际债券交易、海外权益交易、外汇交易和跨国贷款方面居世界第一。在银行方面，英国银行约半数的资产由国外银行持有，伦敦 450 家授权银行中的 2/3 来自国外。

虽然英国没有加入欧元区，但欧元的出现并未削弱伦敦的地位，反而巩固了伦敦金融城的国际地位，与此同时，金融城也提升了欧元的世界货币功能。实际上，在伦敦使用欧元交易的国际金融业务比任何欧元区城市都多。其原因就是欧元的诞生导致了欧洲从保险到证券和衍生品交易的各类金融市场围绕着当时已经是市场领导者的金融中心——伦敦金融城进行了明显整合。在伦敦金融城的外汇交易中，约 40%的业务涉及欧元。欧洲证券交易所与伦敦国际金融期货交易所的情况相似，欧元是交易的主要货币。在进行交易的所有利率衍生金融产品中，有 3/4 使用欧元。伦敦证券交易所 1/3 的交易使用欧元。国际长期债券中，欧元比例上升至 40%，其地位堪与美元比肩。由于地理位置及时差等关系，许多美国银行以金融城为基地管理其中东甚至远东的业务，使得金融城的国际色彩异常浓烈。在这里可以找到各种各样的国际银行业务，而且，其交易比重涵盖了美元、日元、欧元和英镑等世界性货币，这里还管理

着世界上 20%的国际贷款。伦敦金融城还是世界期货交易市场之都，进行着全球 90%以上的有色金属交易和世界上 95%的传统金属交易。作为欧洲最主要的能源交易市场之一，伦敦金融城国际石油交易所每分钟调整布伦特原油（全球大部分原油市场的基准等级）价格。伦敦金融城还保持着世界上最大国际保险市场的地位。世界上第一家保险市场“劳合社”诞生在金融城，全球 20 家顶尖保险公司都在金融城设有公司。

伦敦金融城长期以来一直是世界级的专业服务和商业服务中心，尤其是咨询、法律、会计等生产性服务业高度发达。世界四大会计师事务所在伦敦金融城均设有总部，其管理咨询业总收入为 47 亿英镑。世界金融市场最主要的信息提供商路透社的总部就位于金融城。另外，世界 15 大律师事务所的 5 家事务所源于伦敦金融城，这些事务所的员工至少有 1/4 在英国境外工作，还有逾 60 家美国律师事务所在伦敦金融城设有办事处。

伦敦金融城作为一个庞大而致密的金融业网络体系，其管理和运作需要高度精细化，拥有专门的市政机构——“伦敦金融城政府”，致力于维护伦敦金融城的全球地位。这一体制自几个世纪前的《约翰国王大宪章》起便得以确立，伦敦金融城政府成为世界上最古老的市政地方自治主体。伦敦金融城政府主要提供基础设施维护、经济战略规划及所有相关的服务。伦敦金融城政府包括伦敦金融城市长、两名市政司法长官、市政参事等官员，以及议会（Common Court）。伦敦金融城政府的市府参事议政厅（Court of Aldermen）和政务议事厅（Court of Common Council）的角色类似英国国会的上议院（House of Lords）和下议院（House of Commons）。它们通过处理信息和出访等，维护着“伦敦金融城”这个特殊的品牌，在长期不懈的努力下，伦敦金融城已达到金融服务行业的最高境界。

（四）巴黎

1. 巴黎总部经济概览

狭义的巴黎市只包括原巴黎城墙内的 20 个区，面积为 105 平方千米，人口为 230 万。大巴黎地区还包括分布在巴黎城墙周围、由同巴黎连成一片的市区组成的上塞纳省、瓦勒德马恩省和塞纳-圣但尼省。巴黎市、上述三个省，以及伊夫林省、瓦勒德瓦兹省、塞纳-马恩省和埃松省共同组成巴黎大区。这片地区在古代就已经被称作“法兰西岛”（ile de France）。

巴黎是欧洲大陆上最大的城市，也是世界上最繁华的都市之一。作为世界上最重要的政治与文化中心之一，其对于教育、娱乐、时尚、科学、媒体、艺术与政治等方面皆有重大影响力，被认为是世界上最重要的全球城市之一。许多国际组织都将总部设立在巴黎，例如，联合国教育、科学及文化组织、经济合作与发展组织、国际商会或巴黎俱乐部等。2009 年全球 500 强企业有 29 家总部坐落在巴黎。

2．拉德芳斯商务区：巴黎总部经济的重要空间载体

拉德芳斯位于巴黎塞纳河畔塞纳省皮托市、库伯瓦市和楠泰尔市的交界处，原是巴黎西郊的无名高地。1958 年，巴黎市政府为了提供更加充足的商务办公空间，缓解老城区的人口、交通压力，保护原有的历史建筑和城市风貌，决定在拉德芳斯区规划建设现代化的城市副中心，拉德芳斯占地约 750 公顷，规划建设写字楼 250 万平方米，并计划用 30 年的时间分步骤开发，将拉德芳斯建设成办公、居住、娱乐设施齐全的现代化商务中心。经过几十年的开发建设，拉德芳斯区成为欧洲最具影响力的商务中心区，被誉为“巴黎曼哈顿”。目前，区域内已入驻企业超过 1600 家，其中，包括法国最大的 5 家银行及近 200 家金融机构，190 多家世界著名跨国公司总部和地区总部。整个商务区的工作人员超过 15 万人，拥有欧洲最大的商业中心。在已建成的中心区写字楼中，法国最大的企业 50%进驻其中。拉德芳斯已成为全法国乃至整个欧洲规模最大、最集中的商务办公区之一。

拉德芳斯区交通系统行人与车流彻底分开，互不干扰，这种做法在世界上是仅有的。拉德芳斯区是欧洲最大的公交换乘中心，RER 高速地铁、地铁、高速公路在此交汇。不仅交通设施完善，同时建成占地 25

公顷的公园，商务区的1/10用地为绿化用地，种植有400余种植物，建成由60个现代雕塑作品组成的露天博物馆，环境绿化系统良好。优美的环境和完善的设施每年吸引约200万游客慕名而至。

拉德芳斯的规划建设，成功疏解了巴黎市区过于拥挤的压力，作为新城，它没有破坏甚至丝毫没有触动老城的古朴，反而通过创造现代化的生活环境，给老城注入了新的活力。拉德芳斯建设发展的主要经验有以下几个方面。

第一，合理的开发机制保证了拉德芳斯规划建设的有效实施。在拉德芳斯区开发过程中，拉德芳斯区域开发公司（EPAD）起到了重要作用。该公司在区域开发之初成立，既与政府密切联系，贯彻执行政府发展规划，对开发建设进行有效控制；同时还在土地收购、基础设施建设等方面拥有很大自主权，在开发初期通过建设道路、交通等基础设施吸引投资者，并向开发者出售建筑权，取得收入。可见，这一机构既保证了政府的主导作用，又充分利用了市场机制，在政府与市场、政府与居民之间达到了较好的平衡。

第二，便捷的交通体系保证区域办公的高效率。拉德芳斯在建设初期就制定了人车分流的交通规则，大力发展公共交通。建设10余年后，拉德芳斯区开通地铁，区内快速铁路通车，从市中心区到拉德芳斯区不超过5分钟。目前，拉德芳斯区形成了高架交通、地面交通和地下交通三位一体的交通系统，清晰的道路标志也引导车辆快速通过、有序停放。拉德芳斯成为欧洲最大的公交换乘中心，公共运输服务系统每天运输通勤达35万人次，近80%的人进出拉德芳斯选择公共交通。

第三，完善的配套设施提升了综合服务功能。1970年，区域快速铁路通车后，在相关交通节点周围建成了小型的购物中心，到20世纪80年代，区域内已建成了当时欧洲最大的购物中心，总面积超过10万平方米，各小区内也有各类食品店、超市等，为企业职工和居民提供购物服务。区域内还有多家大型会展中心，满足企业展览、会务需要，区域内曾举办过七国高峰会议。通过完善的配套设施，拉德芳斯成为以商务办公为主，集居住、购物、会展、旅游等多种功能于一体的商务区。

第四，良好的景观、文化环境不断丰富拉德芳斯的内涵。拉德芳斯不仅注重城市景观建设，保持建筑的多样性和新旧城的协调性，而且还注重生态环境建设，注意保持写字楼、住宅的合理密度。据初步统计，目前区内绿地面积超过 67 万公顷，这些绿地经过创意设计，为区域营造了和谐、舒适的环境。此外，文化设施建设也是拉德芳斯的重要特点，文化展览、艺术表演等多种文化活动提高了拉德芳斯的城市品位，丰富了其内涵，也有利于聚集“人气”。

三、北京总部经济发展相关政策

（一）《北京市人民政府印发关于鼓励跨国公司在京设立地区总部若干规定的通知》（京政发〔2009〕15 号）

各区、县人民政府，市政府各委、办、局，各市属机构：

现将《关于鼓励跨国公司在京设立地区总部的若干规定》印发给你们，请认真遵照执行。

北京市人民政府

2009 年 5 月 21 日

关于鼓励跨国公司在京设立地区总部的若干规定

第一条 为促进首都经济发展，鼓励跨国公司在京设立地区总部，根据有关法律法规，结合本市实际，制定本规定。

第二条 本规定所指跨国公司地区总部（以下简称地区总部），是指外国跨国公司以投资或授权形式在本市注册设立的，对在一个或一个以上国家行政区域内的企业行使管理和服务职能的唯一总机构。香港、澳门、台湾地区的跨国公司在本市注册设立的地区总部，参照本规定执行。

在本市设立的外资金融机构地区总部适用本市有关促进金融发展的政策规定。

第三条 对2009年1月1日以后在京新注册设立或新迁入京的，注册资本在1亿元人民币（含1亿元人民币）以上的地区总部，按注册资本金额给予不同档次资金补助，补助分3年发放。

对一次性增资达到规定档次的地区总部，按相应标准给予差额补助。

第四条 对在京新注册设立或新迁入京的地区总部租用办公用房的，连续3年给予租金补助。申请租房补助的地区总部，租用期应不少于3年；享受补助期间，不得将自用办公用房出租、转租或改变其用途；违反上述规定的，应当退还已获得的补助。本条款在朝阳区试点，由朝阳区政府负责落实，其他区县可参照执行。

第五条 对2009年1月1日以后在京新注册设立或新迁入京的地区总部及其设立的研发中心自建或购买办公用房的，可享受一次性补助。享受补助的地区总部，5年内不得对外出售、出租办公用房或改变其用途。违反上述规定的，应当退还已获得的补助。

第六条 从2009年度起，对年营业收入首次超过1亿元人民币（含1亿元人民币）以上的地区总部，按营业收入给予不同档次资金奖励，奖励分3年发放。

第七条 地区总部可依法从事投资经营决策、生产经营管理、资金运作和财务管理、技术支持与研究开发、市场营销服务、进出口及国内分销、物流配送服务、信息服务、承接跨国公司内部及境外其他公司的服务外包、员工培训与管理，以及法律、法规、规章规定可以从事的其他经营、管理和服务活动。

第八条 地区总部可建立统一的内部资金管理体系，按国家有关规定对自有资金实行统一管理。涉及外汇资金运作的，按国家外汇管理政策执行。符合条件的地区总部按有关规定可参与跨国公司外汇资金集中管理、境外放款等试点业务。投资性公司按国家关于企业集团财务公司管理办法规定，可设立财务公司，为其在中国境内的投资企业提供集中财务管理服务。

第九条 对地区总部及其设立的研发中心，海关和出入境检验检疫部门为其进出口货物提供通关便利。积极协助地区总部根据实际需要，在北京天竺综合保税区开展仓储物流、分销配送、保税加工制造、高端研发等业务。

第十条 自 2009 年 1 月 1 日起，对地区总部 1 位主要负责人以市政府名义给予奖励。该奖励政策自地区总部被认定次年起连续执行 3 年。

对在 1 个年度内实际缴纳的企业所得税地方留成部分增量名列前 10 名的地区总部，对其 1 位主要负责人以市政府名义给予奖励。

所得奖金按国家有关规定免征个人所得税。

第十一条 在地区总部连续两年以上担任副总经理以上职务或相当职务的人员，可按北京市有关吸引高级人才奖励管理规定享受奖励。

第十二条 地区总部外籍人员可享受多次出入境便利。地区总部的法定代表人、总经理、副总经理、财务总监等外籍高层管理和技术人员，可申请办理不超过 5 年多次入境有效的 F 字签证；部门经理等中层管理和技术人员，可申请办理不超过 3 年多次入境有效的 F 字签证；一般外籍员工可申请办理不超过 1 年多次入境有效的 F 字签证。上述外籍人员的外籍配偶及未成年子女，可申请与上述人员相同期限的 F 字签证。

受聘于地区总部的持 L、X 字签证入境的外籍人员，可根据需要，按上述临时入境办理条件申请 F 字签证。

地区总部的外籍人员急需短期来华，如未及时在我驻外使领馆办理签证的，可在首都机场口岸申请签证。

第十三条 地区总部的法定代表人、总经理、副总经理、财务总监等外籍高层管理和技术人员，需要在京常住的，可申请办理有效期5年的外国人居留许可；部门经理等中层管理和技术人员，可申请办理有效期4年的外国人居留许可；一般外籍员工可申请办理有效期3年的外国人居留许可。上述外籍人员的外籍配偶及未成年子女，可申请与上述人员相同期限的外国人居留许可。以上居留许可期限不得超过其护照有效期。

地区总部的高级管理人员按有关规定可优先办理《外国人永久居留证》。

第十四条 对地区总部的中国籍员工因商务需要赴香港、澳门的，可申请办理《往来港澳通行证》和多次出入境有效的商务签注；对地区总部的中国籍员工因商务需要赴台湾的，如提供国务院台办批件和台湾地区旅行证，可优先办理《大陆居民往来台湾通行证》。

第十五条 地区总部聘用外籍人员在本市就业的，可申请一并办理外国人就业许可和《外国人就业证》。

第十六条 地区总部及其研究开发机构聘用的高级管理人员，和引进本市急需紧缺的具有硕士及以上学位或具有本科及以上学历并取得高级专业技术职称且年龄在45周岁以下的人员，可申请办理人才引进；聘用具有学士及，以上学位或取得中级及以上专业技术职称的人员，可申请办理《北京市工作居住证》。

第十七条 地区总部高级管理人员的子女如需在本市入托、在中小学就读的，由地区总部所在地区县政府负责安排，提供便利。

第十八条 地区总部的外籍员工可不受在境内工作时间限制，购买符合实际需要的自住、自用商品房。

第十九条 市商务委负责在京地区总部的认定、补助奖励兑现和提供便利政策的协调落实工作，并牵头负责实行一个窗口对外服务，简化办事手续，提高工作效率和服务质量。

补助和奖励的具体办法，由市商务部门会同市发展改革、财政、税务、统计等部门另行制定。所涉及的补助或奖励1年兑现1次，由上述部门审核后，报市政府批准后实施。

第二十条 本规定自2009年1月1日起执行，执行过程中的具体问题由市商务委负责协调解决。此前发布的《北京市人民政府印发关于鼓励跨国公司在京设立地区总部若干规定的通知》（京政发〔1999〕4号）同时废止。

（二）北京市人民政府关于印发加快总部企业在京发展工作意见的通知（京政发〔2013〕29号）

各区、县人民政府，市政府各委、办、局，各市属机构：

现将《关于加快总部企业在京发展的工作意见》印发给你们，请结合实际，认真贯彻落实。

北京市人民政府

2013年9月10日

关于加快总部企业在京发展的工作意见

总部经济是首都经济发展的重要组成部分，总部企业是总部经济发展的主体。引导和支持总部企业在京发展，对实现服务业结构调整和优化升级，增强“北京服务”的影响力和辐射力，使首都服务业在更高层次和水平上融入国内外经济发展具有重要意义。为全面落实市第十一次党代会精神，发挥首都优势，加快总部企业在京发展，打造世界高端企业总部聚集之都，提出以下意见。

一、不断培育和壮大总部经济规模。加大对内、对外开放力度，充分考虑北京城市功能定位和未来发展，积极吸引效益好、潜力大的国内外总部企业在京落户、聚集和发展；支持在京企业跨区域、跨国经营，不断提升发展能级；合理规划布局，突出区域特色，在推进“六高四新”高端产业功能区建设中，培育和打造一批总部经济集聚区，实现差异化发展。

二、完善加快总部企业在京发展的相关政策。统筹做好总部企业在京发展各项工作，将在京中央企业、市属国有企业、民营总部企业，以及跨国公司地区总部、金融总部企业统筹纳入发展促进范围之内。在继续执行《北京市人民政府印发关于鼓励跨国公司在京设立地区总部若干规定的通知》（京政发〔2009〕15 号）及其实施办法的基础上，制定实施《关于促进总部企业在京发展的若干规定》（见附件），对符合条件的各类总部企业给予奖励和补助，所需资金由市、区县两级共同负担。鼓励总部企业在京开展实体化经营，支持符合北京产业发展方向的重点行业总部企业发展。

三、优化总部企业在京发展环境。充分发挥首都在区位、人才、科技、信息、法制、教育、文化等方面的独特优势，不断提高首都对总部企业的吸引力。市政府各有关部门要切实提高认识，积极创新管理方式，着力提升政府公共服务水平。特别要围绕促进总部企业发展的个性化需求，提供针对性服务，将重点总部企业重大建设项目纳入市政府固定资产行政审批绿色通道，为总部企业开展正常经营活动提供便利，加强对重点总部企业及重大项目的跟踪服务，及时落实各项政策，全方位做好服务工作。

四、建立和完善总部企业在京发展的统计分析体系。制定总部企业统计标准，建立反映总部企业发展情况的统计指标体系和报送制度，完善运行监测机制，开展统计分析工作，并定期发布相关统计信息。

五、建立市发展总部经济工作部门联席会议制度。联席会议由市政府有关部门和各区县政府主管领导参加，负责统筹解决全市总部经济发展过程中政策、服务等方面的重大问题。联席会议办公室设在市商务委，承担日常工作。

六、强化区县属地责任。各区县政府要承担属地责任、制定配套措施，对区域内总部企业提供服务，切实帮助其解决落户、运营过程中遇到的困难和问题。

七、加大总部经济政策宣传力度。借助京交会、科博会等国内外投资促进平台，加强与行业协会和中介组织的交流合作，多渠道加大对本市总部企业发展环境、区域优势、鼓励政策的国内外宣传推广力度，提升首都总部经济发展的国际影响力，努力营造有利于总部经济发展的良好氛围。

附　件

关于促进总部企业在京发展的若干规定

第一章　总　则

第一条　为进一步优化总部企业在京发展环境，加快总部企业在京发展，根据《关于加快总部企业在京发展的工作意见》(以下简称《工作意见》)，制定本规定。

第二条　本规定所指总部企业是指对其控股企业或分支机构拥有控制权或行使管理权的企业组织，并应同时具备以下特征:

（一）在本市行政区域内注册，且具有法人资格。

（二）跨地区或跨境经营，且在京外至少拥有 1 个分（子）公司。

（三）符合下列条件标准之一:

1. 资产合计和营业收入均在 1 亿元人民币以上（含 1 亿元人民币）的企业。

2. 市发展总部经济工作部门联席会议及其办公室确定的其他符合北京产业发展方向的重点总部企业。

第三条 金融总部企业适用于本规定（第二章除外）。有关金融总部企业的具体奖励补助政策由市金融局另行制定，并做好首都金融发展政策创新提升工作。

第二章 资金奖励和补助

第四条 对纳入本市总部企业统计范畴且符合相应条件的总部企业、有突出贡献的中介组织，可以享受相关资金奖励和补助。

第五条 对2013年1月1日以后在本市注册或迁入本市的各类总部企业（跨国公司地区总部除外），结合其对本市贡献程度，给予新入驻奖励和补助。

（一）实收资本补助。对实收资本在1亿元人民币以上（含1亿元人民币）的总部企业，按实收资本给予不同档次资金补助，补助分3年给付。

对一次性增资达到规定档次的总部企业，按相应标准给予差额补足。

（二）自建或购买办公用房补助。自建或购买办公用房的，可享受补助一次，补助分5年给付。享受补助期间，不得对外出售、出租办公用房或改变用途；违反上述规定的，应当退还已获得的补助。本条款在朝阳区试点，由朝阳区政府负责落实，其他区县可参照执行。

（三）租用办公用房补助。租用办公用房的，连续3年给予租金补助，且原则上每年补助租金不得超过该企业当年度的区县级财政收入贡献。申请租房补助的总部企业，租用期应不少于3年。享受补助期间，不得将自用办公用房出租、转租或改变用途；违反上述规定的，应当退还已获得的补助。

（四）经营贡献奖励。对年营业收入（仅限本市行政区域内总、分公司所实现的营业收入）首次达到1亿元人民币以上（含1亿元人民币）的总部企业，按营业收入给予不同档次资金奖励，奖励分3年给付。

第六条 在全市高级人才奖励工作的整体格局下，对为本市做出突出贡献总部企业（跨国公司地区总部除外）的高级管理人员进行奖励。

（一）综合奖励。对 2013 年 1 月 1 日以后在本市注册或迁入本市的总部企业，结合该企业及其主要负责人对本市贡献程度，对其 1 位主要负责人给予综合奖励。该奖励政策自达到奖励标准要求次年起连续执行 3 年。

（二）增量奖励。对所有申请该项奖励且在 1 个年度内为本市增量贡献名列前 50 名的总部企业，对其 1 位主要负责人给予增量奖励。

同一高级管理人员在同一年度内不得同时享受综合奖励和增量奖励，也不能再同时享受本市其他高级人才奖励政策。

第七条 对既有在京总部企业开展实体化经营进行奖励。鼓励既有总部企业在京增设投资中心、财务中心、采购中心、研发中心、销售中心、结算中心、物流中心等功能性机构，鼓励其将符合本市产业发展方向的生产基地落户北京，结合其在 1 个年度内对本市增量贡献，给予一次性资金奖励。

第八条 对既有在京总部企业，2013 年 1 月 1 日以后提升能级进行奖励。

（一）跨国公司地区总部提级。升级为亚太地区或全球总部的，结合其对本市贡献程度，可分别获得不同档次的奖励一次，奖励分 3 年给付。

（二）其他企业总部提级。区域总部升级为全国总部的，结合其对本市贡献程度，给予资金奖励一次，奖励分 3 年给付。

（三）入选权威机构排名。对于首次进入世界 500 强、中国企业 500 强、中国民营企业 500 强（或中国服务业企业 500 强、中国连锁企业 100 强以及国家级行业协会或相关权威机构发布的行业排名前 50 位）的总部企业，结合其对本市贡献程度，可分别获得不同档次的奖励一次，奖励分3年给付（本奖励同一年度不得重复享受）。

（四）战略提升。鼓励总部企业在京积极开展业务重组、收购、兼并、上市等战略提升活动，可按照上述业务贡献程度，一事一议给予一次性资金奖励。

第九条 在1个年度内，对引进总部企业有突出贡献的中介组织，结合所引进符合条件的总部企业在1个年度内对本市的累计贡献程度，给予一次性资金奖励。

第三章 配套服务

第十条 建立健全《北京市重点总部企业名录》和《北京市总部经济中介组织机构库》。

第十一条 对重点总部企业加强跟踪服务，依法解决其在京发展过程中遇到的商业欺诈、诚信经营、知识产权保护等方面问题和困难，创造宽松、公平的发展环境，及时落实各项政策。

第十二条 将重点总部企业重大建设项目纳入市政府固定资产行政审批绿色通道。

第十三条 重点总部企业所需的水、电、气、热、通信等公共设施，市有关部门要提供便利服务。

第十四条 对重点总部企业正常运营过程中的进出口、结售汇事宜，海关、外汇、出入境检验检疫、税务、工商等部门对其采取便利化的监管措施，优先考虑将其纳入外汇资金集中运营管理试点范围，便利其资金集约化管理。

第十五条 为符合条件的重点总部企业所需的应届毕业生进京落户，中、外籍高级管理人员的进京落户、工作居住和就业等相关事宜提供便利。

第十六条 进一步加大对总部经济的支持力度，在推进“六高四新”

高端产业功能区建设中，强调奖励与企业作出的贡献挂钩，突出区域特色，避免同质化竞争，培育和打造一批总部经济集聚区，实现差异化发展。

第四章　保障机制

第十七条　奖励和补助资金由市、区县两级共同负担，按照本规定对符合条件的总部企业、中介组织给予奖励和补助。

第十八条　市商务委负责在京总部企业奖励补助和提供便利政策的协调落实等工作，市投资促进局等有关部门要结合自身职能和任务分工，共同做好政策落实的相关服务工作。要严格依据政策标准，加强审核把关，所涉及的奖励或补助 1 年兑现 1 次，经市发展总部经济工作部门联席会议审核，报市政府批准后实施。

第十九条　市政府各有关部门、各区县政府要按照《工作意见》精神，结合部门职能和区域总部经济发展实际情况，为总部企业的发展提供更多优质服务。

第五章　附　则

第二十条　市商务委牵头会同有关部门根据本规定制定具体实施办法。

第二十一条　本规定的第二章第七、八、九条和第三章的规定适用于《北京市人民政府印发关于鼓励跨国公司在京设立地区总部若干规定的通知》（京政发〔2009〕15 号）所规定的跨国公司地区总部。

第二十二条　本规定自颁布之日起实施。

四、近四年 500 强企业总部城市分布状况

1. 世界 500 强企业的城市分布状况

根据财富中文网杂志统计，2014 年在世界 500 强企业排行榜中，中

国上榜的公司总数已经达到 100 家，其中北京有 52 家，第二次超越东京，成为全球拥有 500 强企业总部最多的城市，如图附 1 所示。

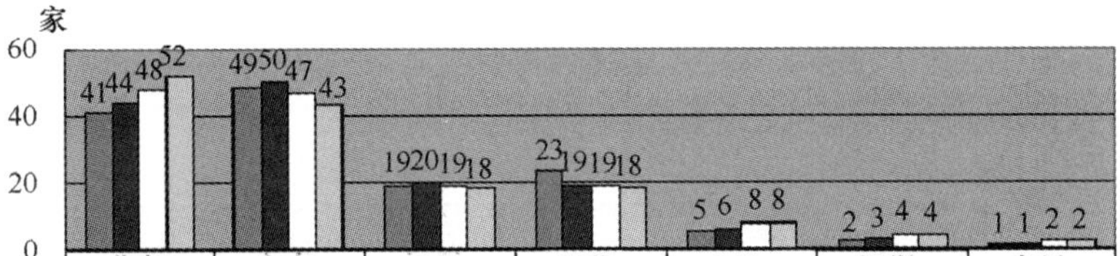

	北京	东京	纽约	巴黎	上海	深圳	广州
2011年	41	49	19	23	5	2	1
2012年	44	50	20	19	6	3	1
2013年	48	47	19	19	8	4	2
2014年	52	43	18	18	8	4	2

图附 1　世界 500 强企业的城市分布状况

资料来源：根据财富中文榜 http://www.fortunechina.com 相关数据整理得出。

2. 中国 500 强企业的城市分布状况

根据财富中文网发布的中国 500 强企业排行榜 2011—2014 年历年数据整理而得。该排行榜是从上市的中国公司中选择经营规模最大的 500 家公司组成的，包括在上海和深圳证券交易所的上市公司，以及海外上市、主营业务在大陆的公司，所依据数据为上市公司在各证券交易所正式披露信息。城市分布情况如图附 2 所示。

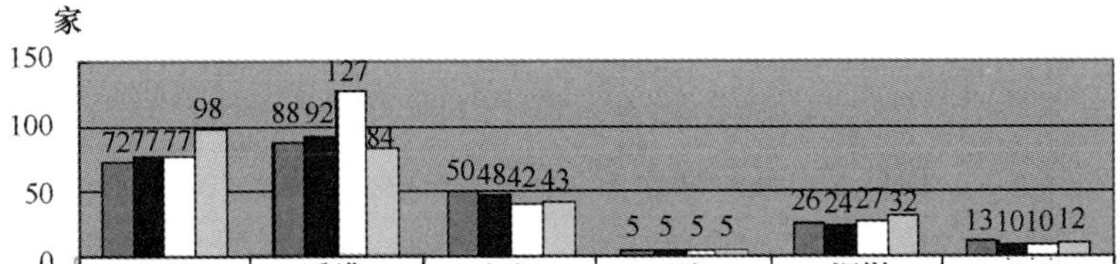

	北京	香港	上海	天津	深圳	广州
2011年	72	88	50	5	26	13
2012年	77	92	48	5	24	10
2013年	77	127	42	5	27	10
2014年	98	84	43	5	32	12

图附 2　国内 500 强企业的城市分布状况

资料来源：根据财富中文榜 http://www.fortunechina.com 相关数据整理得出。

3. 中国民营企业500强省份分布状况

中国民营企业的发展存在明显的地区差异，大型民营企业都集中在浙江和江苏两省，北京所拥有的民营企业500强数量很少，城市分布情况如图附3所示。

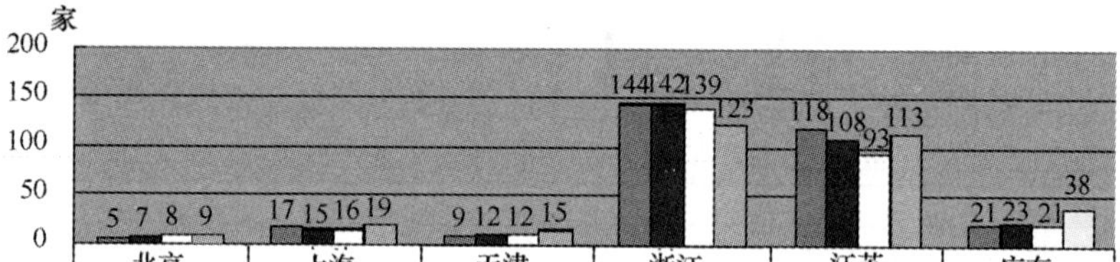

	北京	上海	天津	浙江	江苏	广东
2011年	5	17	9	144	118	21
2012年	7	15	12	142	108	23
2013年	8	16	12	139	93	21
2014年	9	19	15	123	113	38

图附3　中国民营企业500强的省份分布状况

资料来源：根据中华全国工商业联合会发布的中国民营企业500强2011—2014年相关数据整理得出。

五、2014年世界500强100家中国公司名单

排名	上年排名	公司名称（中英文）	营业收入（百万美元）	总部所在城市
3	4	中国石油化工集团公司（SINOPEC GROUP）	457201.1	北京
4	5	中国石油天然气集团公司（CHINA NATIONAL PETROLEUM）	432007.7	北京
7	7	国家电网公司（STATE GRID）	333386.5	北京
25	29	中国工商银行（INDUSTRIAL & COMMERCIAL BANK OF CHINA）	148802.6	北京
32	30	鸿海精密工业股份有限公司（HON HAI PRECISION INDUSTRY）	133161.7	台北
38	50	中国建设银行（CHINA CONSTRUCT-ION BANK）	125397.7	北京

（续表）

排名	上年排名	公司名称（中英文）	营业收入（百万美元）	总部所在城市
47	64	中国农业银行（AGRICULTURAL BANK OF CHINA）	115392.1	北京
52	80	中国建筑股份有限公司（CHINA STATE CONSTRUCTION ENGINEERING）	110811.6	北京
55	71	中国移动通信集团公司（CHINA MOBILE COMMUNICATIONS）	107647.3	北京
59	70	中国银行（BANK OF CHINA）	105622.6	北京
76	76	来宝集团（NOBLE GROUP）	97878.3	香港
79	93	中国海洋石油总公司（CHINA NATIONAL OFFSHORE OIL）	95971.5	北京
80	100	中国铁道建筑总公司（CHINA RAILWAY CONSTRUCTION）	95746.8	北京
85	103	上海汽车集团股份有限公司（SAIC MOTOR）	92024.8	上海
86	102	中国中铁股份有限公司（CHINA RAILWAY GROUP）	91152.6	北京
98	111	中国人寿保险（集团）公司（CHINA LIFE INSURANCE）	80909.4	北京
107	119	中国中化集团公司（SINOCHEM GROUP）	75939	北京
111	141	中国第一汽车集团公司（CHINA FAW GROUP）	75005.6	长春
113	146	东风汽车集团（DONGFENG MOTOR GROUP）	74008.2	武汉
115	134	中国南方电网有限责任公司（CHINA SOUTHERN POWER GRID）	72697.1	广州
122	—	国家开发银行（CHINA DEVELOPMENT BANK）	71305.6	北京

（续表）

排名	上年排名	公司名称（中英文）	营业收入（百万美元）	总部所在城市
128	181	中国平安保险（集团）股份有限公司（PING AN INSURANCE）	68508.8	深圳
133	192	中国五矿集团公司（CHINA MINMETALS）	67440.2	北京
143	187	中国华润总公司（CHINA RESOURCES NATIONAL）	65959.9	香港
152	161	中国兵器工业集团公司（CHINA NORTH INDUSTRIES GROUP）	62659.1	北京
154	182	中国电信集团公司（CHINA TELECOMMUNICATIONS）	62046.8	北京
160	172	中国中信集团有限公司（CITIC GROUP）	61005.7	北京
165	178	神华集团（SHENHUA GROUP）	59823	北京
166	—	太平洋建设集团（PACIFIC CONSTRUCTION GROUP）	59622.2	南京
168	196	中国邮政集团公司（CHINA POST GROUP）	58964.6	北京
169	209	中国南方工业集团公司（CHINA SOUTH INDUSTRIES GROUP）	58837.1	北京
178	212	中国航空工业集团公司（AVIATION INDUSTRY CORP. OF CHINA）	56472.1	北京
185	343	天津市物资集团总公司（TEWOO GROUP）	54963.7	天津
187	213	中国交通建设集团有限公司（CHINA COMMUNICATIONS CONSTRUCTION）	54609.8	北京
208	256	中国人民保险集团股份有限公司（PEOPLE'S INSURANCE COMPANY OF CHINA）	49563.6	北京

（续表）

排名	上年排名	公司名称（中英文）	营业收入（百万美元）	总部所在城市
210	258	中国联合网络通信股份有限公司（CHINA UNITED NETWORK COMMUNICATIONS）	49399.2	上海
211	222	宝钢集团有限公司（BAOSTEEL GROUP）	49297.3	上海
217	243	交通银行（BANK OF COMMUNICATIONS）	48321.2	上海
221	231	中国华能集团公司（CHINA HUANENG GROUP）	47681.1	北京
227	273	中国铝业公司（ALUMINUM CORP. OF CHINA）	45445.7	北京
248	336	北京汽车集团（BEIJING AUTOMOTIVE GROUP）	43323.9	北京
267	319	中国建筑材料集团有限公司（CHINA NATIONAL BUILDING MATERIALS GROUP）	41027.9	北京
268	359	绿地控股集团有限公司（GREENLAND HOLDING GROUP）	41015.7	上海
271	269	河北钢铁集团（HEBEI IRON & STEEL GROUP）	40829.2	石家庄
276	355	中国化工集团公司（CHEMCHINA）	39690.9	北京
277	266	怡和集团（JARDINE MATHESON）	39465	香港
278	326	中国机械工业集团有限公司（SINOMACH）	39418.4	北京
279	388	山东魏桥创业集团有限公司（SHANDONG WEIQIAO PIONEERING GROUP）	39259.9	滨州
285	315	华为投资控股有限公司（HUAW EIINVES -TMENT & HOLDING）	38875.8	深圳
286	329	联想集团（LENOVO GROUP）	38707.1	北京
290	403	山西焦煤集团有限责任公司（SHANXI COKING COAL GROUP）	38398.1	太原
295	387	正威国际集团（AMER INTERNATIONAL GROUP）	38030.2	深圳
297	299	中国国电集团公司（CHINA GUODIAN）	37857.5	北京
300	305	台湾中油股份有限公司（CPC）	37689.7	台北
304	311	冀中能源集团（JIZHONG ENERGY GROUP）	37392.2	邢台
305	373	山东能源集团有限公司（SHANDONG ENERGY GROUP）	37362.9	济南

（续表）

排名	上年排名	公司名称（中英文）	营业收入（百万美元）	总部所在城市
308	318	江苏沙钢集团（JIANGSU SHAGANG GROUP）	37095.3	张家港
309	390	晋能集团（JINNENG GROUP）	37085.6	太原
310	328	武汉钢铁（集团）公司（WUHAN IRON & STEEL）	36927.8	武汉
313	354	中国电力建设集团有限公司（POWER CHINA）	36806.9	北京
314	277	中国航空油料集团公司（CHINA NATIONAL AVIATION FUEL GROUP）	36729.8	北京
327	—	渤海钢铁集团（BOHAI STEEL GROUP）	35795.6	天津
328	404	河南能源化工集团（HENAN ENERGY & CHEMICAL）	35761.8	郑州
330	411	中国民生银行（CHINA MINSHENG BANKING）	35474.5	北京
338	428	兴业银行（INDUSTRIAl BANK）	34808.6	福州
345	364	浙江物产集团（ZHEJIANG MATERIALS INDUSTRY GROUP）	34500.7	杭州
348	322	首钢集团（SHOUGANG GROUP）	34292.2	北京
349	—	中国华信能源有限公司（CEFC CHINA ENERGY）	34133.6	上海
350	412	招商银行（CHINA MERCHANTS BANK）	34121.5	深圳
354	302	中国冶金科工集团有限公司（CHINA METALLURGICAL GROUP）	33697.7	北京
357	446	中国医药集团（SINOPHARM）	33271.6	北京
363	363	和记黄埔有限公司（HUTCHISON WHAM POA）	33035.2	香港
365	406	新兴际华集团（XINXING CATHAY INTERNATIONAL GROUP）	32789.8	北京

（续表）

排名	上年排名	公司名称（中英文）	营业收入（百万美元）	总部所在城市
366	483	广州汽车工业集团（GUANGZHOU AUTO MOBILE INDUSTRY GROUP）	32775.6	广州
368	389	中国华电集团公司（CHINA HUADIAN）	32548.7	北京
369	432	大同煤矿集团有限责任公司（DATONG COAL MINE GROUP）	32458.1	大同
372	430	潞安集团（SHANXI LUAN MINING GROUP）	32332.4	长治
375	384	和硕（PEGATRON）	31999.1	台北
381	414	江西铜业集团公司（JIANGXI COPPER）	31638.1	贵溪
382	395	中国电子信息产业集团有限公司（CHINA ELECTRONICS）	31517.8	北京
383	460	上海浦东发展银行股份有限公司（SHANGHAI PUDONG DEVELOPMENT BANK）	31440.8	上海
384	429	中国太平洋保险（集团）股份有限公司（CHINA PACIFIC INSURANCE（GROUP））	31412.5	上海
385	379	台塑石化股份有限公司（FORMOSA PETROCHEMICAL）	31333.2	麦寮
386	435	山西晋城无烟煤矿业集团有限责任公司（SHANXI JINCHENG ANTHRACITE COAL -MINING GROUP）	31324.3	晋城
391	407	山西阳泉煤业（集团）有限责任公司（YANGQUAN COAL INDUSTRY GROUP）	31193.5	阳泉
393	408	中国电力投资集团公司（CHINA POWER INVESTMENT）	31066.6	北京
394	415	开滦集团（KAILUAN GROUP）	31062.9	唐山
396	376	中国大唐集团公司（CHINA DATANG）	30980.2	北京
398	482	中国有色矿业集团有限公司（CHINA -NONFERROUS METAL MINING GROUP）	30903.7	北京
401	357	中粮集团有限公司（COFCO）	30748	北京
403	417	中国船舶重工集团公司（CHINA SHIP BUILDING INDUSTRY）	30478.8	北京

（续表）

排名	上年排名	公司名称（中英文）	营业收入（百万美元）	总部所在城市
409	321	广达电脑（QUANTA COMPUTER）	29662.6	龟山
432	464	陕西延长石油（集团）有限责任公司（SHANXI YANCHANG PETROLEUM GROUP）	28146.3	西安
442	292	中国铁路物资股份有限公司（CHINA RAILWAY MATERIALS）	27151.5	北京
451	401	中国远洋运输（集团）总公司（CHINA OCEAN SHIPPING）	26805.5	北京
465	—	中国能源建设集团有限公司（CHINA ENERGY ENGINEERING GROUP）	25769	北京
466	477	浙江吉利控股集团（ZHEJIANG GEELY HOLDING GROUP）	25767.5	杭州
469	—	中国通用技术（集团）控股有限责任公司（CHINA GENERAL TECHNOLOGY）	25702	北京
475	493	鞍钢集团公司（ANSTEEL GROUP）	25230.5	鞍山
491	—	中国农业发展银行（AGRICULTURAL DEVELOPMENT BANK OF CHINA）	24213.3	北京

资料来源：财富中文榜 http://www.fortunechina.com。